ДЕРЕК ПРИНС

СЕКРЕТЫ
молитвенного воина

2016

Все выдержки из Нового и Ветхого Заветов
(кроме отмеченных особо) взяты из
Синодального перевода Библии на русский язык.

SECRETS OF A PRAYER WARRIOR
Derek Prince

Derek Prince Ministries – International
P.O.Box 19501
Charlotte, NC 28219-9501
USA

All rights reserved © 2009 by Derek Prince Ministries–International

СЕКРЕТЫ МОЛИТВЕНОГО ВОИНА
Дерек Принс

Все права защищены © 2009 Международным Служением Дерека Принса

Переведено и издано
Служением Дерека Принса в Украине

ДПМ-Украина
а/я 50
Светповодск
27500

KievStar   +38-097-772-64-82
BeeLine   +38-068-86-59-559
Life   +38-093-027-89-39
МТС (UMC)   +38-066-286-49-26

derek.prince@meta.ua
vladchazov@ya.ru

Посетите наш сайт в интернете:
DerekPrinceUkraine.com

ISBN-13: 978-1-78263-452-2

ВВЕДЕНИЕ

Дерек был молитвенным воином. Конечно же, он имел и другие дары и качества. В первую очередь, он был плодотворным Библейским учителем, который записал более 600 обучающих проповедей, написал почти 60 книг, и записал более 100 видео своего учения. Он был потрясающей глубины Библейским учителем.

При этом Дерек был любящим мужем (он состоял в браке более 53 лет) для двух жен, которые обе ушли к Господу раньше него. Его первый брак начался благодаря удивительному водительству Божьему. Он женился на своей первой жене Лидии в 1945 году, и сразу же стал отцом восьми ее приемных дочерей. (Их девятая приемная дочь Джессика присоединилась к семье, когда Дерек и Лидия служили миссионерами в Кении.) Ирония заключалась в том, что он сразу стал главой этой большой семьи, будучи на тот момент 30-летним холостяком, единственным сыном, воспитанным в традициях привилегированного британского общества. Следуя довольно необычному водительству, в 1978 году Дерек вступил в брак с Руфью, спустя три года после того, как Лидия ушла к Господу.

Получив превосходное образование, самое лучшее из доступного в то время, Дерек был философом и ученым, перечисление ученых степеней и достижений которого могло бы занять целую страницу.

Дерек также приобрел уникальный опыт службы в медицинском подразделении действующей Британской армии в песках Северной Африки во время Второй Мировой войны. Он попал туда сразу же после того, как был обращен к Господу.

Дерек свободно общался на многих языках. Будучи специалистом в греческом языке, он читал Новый

Завет в оригинале. Также он имел ученую степень в иврите. Его познания имели удивительную глубину и широчайший диапазон. Во многом он был истинным представителем Возрождения (эпохи расцвета наук, искусства и литературы), хотя сам не придавал этому значения и, скорее всего, не считал бы это комплиментом.

Уникальные события и достижения его жизни и служения могли бы составить длинный список, который можно было бы дополнить таким же обширным описанием его личности — как учителя, писателя, мужа, отца, духовного лидера и первопроходца во многих сферах служения. Сам же Дерек не был бы доволен такими перечислениями его заслуг, потому что он был уверен, что его жизнь не была дана ему для него самого — его жизнь была для Бога. Дереку не сильно бы понравились все эти характеристики его самого. Тем не менее, одно из этих описаний должно стоять в начале списка: Дерек был молитвенным воином.

Один пастор рассказал о завтраке, который он с женой имел честь разделить с Дереком и Лидией в начале 1970-х годов. Во время их завтрака и совместного общения, вдруг Лидия коснулась руки Дерека и очень просто сказала: «Думаю, нам надо помолиться за Джима и Дженис». И они склонились в короткой молитве. Спустя какое-то время у них было побуждение помолиться за Френка и Бетти. Всякий раз они замолкали, соединяли руки вместе, и молились простой ясной молитвой, а после этого возвращались к общению. По словам этого пастора, это был самый необычный завтрак, из тех, на которых они с женой побывали — но нельзя сказать, что им это не понравилось или что они чувствовали себя неловко. Молитва Дерека и Лидии, а потом Дерека и Руфи, была естественной и частой.

Дерек был молитвенным воином.

ЗНАЧЕНИЕ ТЕРМИНОВ

Кто же такой «молитвенный воин»? — такое звание требует пояснений. Лучшим ответом на этот вопрос будет прочтение этой книги.

Ища ответ на этот вопрос, вам не стоит обращать внимание на состояние молитвы в современных церквях. Мы нередко слышим фразу «молитвенный воин» в христианских кругах, произносимую, если можно так выразиться, с кавалерийским оттенком. Ее используют для описания кого-то, достаточно дерзновенного для того, чтобы приступать к небесным вратам с прошениями и духовными провозглашениями. Как вы увидите на страницах этой книги, Дерек не придерживался подобного взгляда на то, что значит быть «молитвенным воином». Наглядным примером такого кавалерийского подхода могут быть слова одного лидера прославления на собрании, которое происходило несколько лет назад. В кульминационный момент прославления он произнес следующее: «Я чувствую себя на таком подъеме, что думаю, мог бы вылить ведро воды на ад». Дерек, имевший к тому же прекрасное чувство юмора, наверняка посмеялся бы со всеми нами над таким восклицанием. Но когда дело переходило к вопросу молитвы, его можно было бы назвать бравым кавалеристом лишь в последнюю очередь.

УДИВИТЕЛЬНОЕ УТВЕРЖДЕНИЕ

Мы побранили «кавалерийский подход» к тому, чтобы быть молитвенным воином, только по причине слов Дерека, которые являются вступлением для этой книги. Возможно, эти слова озадачат и вас.

Это высказывание Дерека звучит как легкомысленное, эгоистичное и даже самодовольное. При первом чтении этих слов (или слыша их — уча о молитве,

Дерек часто повторял это), у кого-то, возможно, возникнет негативная реакция и желание отбросить их. Итак, вот эти удивительные слова: «Что касается меня, то я люблю молиться — более того, я получаю то, о чем молюсь».

На первый взгляд, это утверждение звучит как откровенно залихватское — «Я получаю то, о чем молюсь». Но затем Дерек идет еще дальше, говоря нам следующее: «Я хочу научить и вас — как молиться и получать просимое». Все это, вероятно, звучит настораживающе близко к тому образу мышления, который принят в определенных христианских кругах, где мы находим такое отношение к молитве: «вставь правильно монетку, и ты получишь нужную конфетку». Приходит на ум картина с капризным ребенком, который выпрашивает, клянчит и даже закатывает сцены, пока Бог не согласится и не даст требуемое. Будто, как кто-то иронически заметил, у нас есть «Большой небесный Прислужник».

К сожалению, такого рода отношение очень распространилось среди сегодняшних христиан. Вот почему эта книга будет очень полезной. На страницах, которые вы скоро откроете, Дерек не учит нас тому, как получать ответы на свои собственнические, стяжательные, эгоистичные молитвы. Он учит нас, как соединить свою жизнь и свое отношение с Господом, чтобы молиться эффективно — в результате получая не просто то, чего хотим мы, но чего, в конечном итоге, хочет Бог.

ПРИВОДЯ СЕБЯ В СОГЛАСИЕ С ГОСПОДОМ

Эта мысль хорошо выражена в Псалме 36:4: *«Утешайся Господом, и Он исполнит желания сердца твоего»*. (В большинстве других переводов сказано: *«наслаждайся в Господе»* — *примеч. ред.*) Некоторые люди расценивают христианскую веру как приглашение к молитвам, сосредоточенным на нас самих. В действительности, у многих сложилось неверное представление, что Бог даст нам все, чего бы мы ни пожелали — исполнит любое наше желание, которое только появится в нашем сердце и воображении. Один из друзей Служения Дерека Принса поделился таким наблюдением, которое полностью совпадает с учением Дерека и содержанием этой книги. Он сказал следующее: «Наслаждаясь в Господе, мы приближаемся так близко к Его сердцу и Его намерениям, что начинаем молиться именно о том — не больше, и не меньше того, — что Он желает для нас». Это очень и очень отличается от состояния капризного ребенка, которое было описано выше.

Читая эту книгу, вы ясно увидите, что есть: (1) условия, которые должны быть приняты; (2) порядок, который должен быть заведен; (3) и испытанные ключи к успеху в молитве. Когда мы принимаем эти условия, мы видим эффективность молитвы. Успех в молитве сопутствовал Дереку и видимым образом сопровождал его земную жизнь. Потому что...

Дерек Принс был молитвенным воином.

Секреты его молитвенной жизни уже не являются секретами. Дерек щедро делится всеми ими в этой книге. Как и большинство «секретов» христианской веры, они всегда были открыты — чудесным образом очевидны в Слове Божьем. Но благодаря своему уникальному дару учителя, Дерек извлекает и соединяет их, составляя ясную картину для нас. Потому что...

Дерек Принс был молитвенным воином.

И мы надеемся на то, что и вы, применив истины этой книги к своей жизни, также станете молитвенным воином.

Международная Издательская Команда
Служения Дерека Принса

1
ЦАРСТВО СВЯЩЕННИКОВ

Он (Иисус) объединил нас в царство и сделал нас священниками на службе у Бога, Отца Своего.

— *Откровение 1:6, Современный перевод* —

В этой книге я буду рассматривать одну из моих самых любимых тем — тему молитвы. Насколько я знаю, для некоторых людей молитва видится как скучная религиозная обязанность. Что касается меня, то я люблю молиться — более того, я получаю то, о чем я молюсь. Именно об этом я собираюсь учить вас: как молиться и получать просимое.

Приходя в молитве к Богу, мы должны с самого начала понимать, что Он хочет этого. Возможно, большинству из нас необходимо изменить негативный и непривлекательный образ Бога, который по каким-то причинам мог сформироваться у нас. Я сам имел подобное представление о Боге. Такие представления часто встают между нами и Богом и мешают нашим молитвам.

Помню, каким было мое представление о Боге, когда я был школьником (я провел много долгих и достаточно утомительных лет в британских школах-интернатах разного уровня): для меня Бог был подобен классному руководителю. На самом деле, я не испытывал особо нежных чувств по отношению к своим классным руководителям, но именно так представлял и Его: сидящим за Своим столом, в Своем кабинете, который находился в конце длинного коридора. Если вам надо было пойти и увидеть этого Классного Руководителя, то вам надо было пройти на цыпочках по этому коридору. Вы должны быть осторожны, потому что доски пола могут скрипнуть и выдать ваше присутствие на полпути. А когда вы постучите в дверь, оттуда, скорее всего, раздастся сердитый голос, который повелит вам войти, и потом будет отчитывать вас за то, что сделали или что вы не сделали.

Прежде чем я смог молиться по-настоящему плодотворно, это представление о Боге должно было измениться. Я обнаружил у многих такое же представление: Бог — это Тот, Кто достаточно далек от нас, не хочет чтобы Его беспокоили и готов бранить нас, — поэтому лучше, по возможности, держаться от Него подальше.

Но это искаженное представление о Боге. Когда мы приходим к Нему, Он не отчитывает нас, а принимает нас. Если Он в чем и укоряет нас, то только в том, почему мы так долго не приходили.

КАКОЕ ПРИНЯТИЕ!

Библия рисует нам прекрасную картину того, с какой радостью Бог принимает нас, когда мы приходим к Нему. Это знаменитая притча Христа о блудном сыне, который блуждал вдалеке от дома, прожигал свою жизнь, все глубже погружался в проблемы и, наконец, оказался выброшен на обочину жизни. Когда молодой человек пришел к полному фиаско и лишился всего, он подумал: «Было бы не плоховернуться домой. Кто знает, может быть, отец примет меня. Я не могу просить его принять меня как сына, но я мог бы попросить его, чтобы меня взяли в качестве наемного работника». Теперь я хотел бы обратить ваше внимание на то, как отец принял его. Евангелие от Луки 15:20:

> *Встал и пошел к отцу своему. И когда он был еще далеко, увидел его отец его и сжалился; и, побежав, пал ему на шею и целовал его.*

Видите, какое принятие получил молодой человек, как только он решил повернуть назад и вернуться домой? У него не было даже возможности сказать отцу: «Прими меня в число наемников твоих», — потому что отец поцеловал его и принял назад как своего сына.

Это прекрасная картина того, как Бог принимает нас: Он не отчитывает нас; Он не обвиняет нас; Он не держится сурово и холодно. Он проявляет любовь, тепло и милость. Послание Иакова 1:5 говорит нам, что Бог *«дает всем щедро, не выискивая недостатков»* (дословный перевод NIV — *примеч. ред.*). Всегда помните об этом, когда вы думаете о молитве. Бог дает щедро. Он не ищет причин, чтобы не дать. Когда мы принимаем такое представление о Боге в свое сознание, это полностью меняет нашу молитвенную жизнь.

Иисус пришел для того, чтобы явить Отца людям, и учение Иисуса о молитве имело позитивную направленность, как любое из Его учений. Вот, что Он сказал в Нагорной проповеди, Матфея 7:7-8:

> *Просите, и дано будет вам; ищите, и найдете; стучите, и отворят вам; ибо всякий просящий получает, и ищущий находит, и стучащему отворят.*

Обратите внимание на три позитивных утверждения: всякий просящий получает, ищущий находит, и стучащему отворят. Затем Иисус сказал, Матфея

21:22: *«и все, что вы просите в молитве с верой, вы получите»* (дословный перевод NASB — *примеч. ред.*). В Евангелии от Марка записаны такие слова Иисуса: «Потому говорю вам: все, чего ни будете просить в молитве, верьте, что получите, — и будет вам». Что может быть более всеобъемлющим, чем эти слова: «все», «чего бы»?

В Своей последней беседе со Своими учениками Иисус снова уверяет нас — причем, трижды — что Бог ответит на наши молитвы. Вдумайтесь в эти слова. Иоанна 14:13-14 (Институт перевода Библии в Заокском):

И тогда все, о чем ни попросили бы вы во имя Мое, сделаю Я, чтобы прославлен был Отец в Сыне. Я сделаю всё, о чем вы ни попросите Меня во имя Мое.

«Все, о чем ни попросили бы вы, сделаю Я». Насколько исчерпывающе! Далее, Иоанна 15:7: *«Если пребудете во Мне и слова Мои в вас пребудут, то, чего ни пожелаете, просите, и будет вам».*

«Чего ни пожелаете, просите». Можно ли сказать что-то больше, чем это? Иоанна 16:24: *«Доныне вы ничего не просили во имя Мое; просите, и получите, чтобы радость ваша была совершенна».*

«Просите, и получите». Есть особого рода радость, которая приходит от отвеченных молитв. Иисус желал, чтобы мы имели эту радость, поэтому Он говорит: *«Просите».*

Знать, что Всемогущий Бог, Творец неба и земли, Правитель всей Вселенной, держащий Свое ухо открытым к нашей молитве, — что Он сделает все, о чем каждый из нас просит у Него — это самое восхитительное переживание, которое человек только может иметь.

Это то, чему учил Иисус, причем не только словом, но и примером, и Его пример не утратил силу для нас и сегодня. Давайте посмотрим, как мы можем следовать Иисусу в молитвенной жизни.

ЖИЗНЬ НЕПРЕКРАЩАЮЩЕЙСЯ МОЛИТВЫ

В 53 главе Книги пророка Исаии мы находим это знаменитое и чудесное описание искупительного труда Христа. Заключительный стих звучит так, Исаия 53:12:

Посему Я дам Ему часть между великими, и с сильными будет делить добычу, за то, что предал душу Свою на смерть, и к злодеям причтен был, тогда как Он понес на Себе грех многих и за преступников сделался ходатаем.

Обратите внимание на четыре действия, которые записаны здесь.

Иисус «*предал душу Свою на смерть*» (дословно: «*излил душу* Свою в смерть» — *примеч. ред.*). В Левит 17:11 сказано, что «*душа тела в крови*». Иисус излил душу Свою в смерть, когда Он до последней капли пролил Свою кровь.

Он «*к злодеям причтен был*». Он был распят с двумя разбойниками.

«*Он понес на Себе грех многих*». Он стал жертвой за грех всех нас.

«*И за преступников сделался ходатаем*». С креста Иисус совершил высшее ходатайство, которое только возможно. Он произнес: «*Отче! прости им, ибо не знают, что делают*» (Луки 23:34). Библия свидетельствует, что осуждение, которое заслужили мы, пало на Него (Исаия 53:5). Все так и было.

Однако молитвенная жизнь Иисуса не закончилась с Его смертью и воскресением. Мы читаем в Послании к Евреям 7:24-25:

> *... а Сей* (Иисус), *как пребывающий вечно, имеет и священство непреходящее* (которое никогда не перейдет от Него к другим), *посему* (благодаря такому Своему первосвященству) *и может всегда спасать приходящих чрез Него к Богу, будучи всегда жив, чтобы ходатайствовать за них.*

Эти слова выводят нас на достаточно интересную точку обзора жизни Иисуса. Он провел тридцать лет в неизвестности, живя мирной семейной жизнью. Он провел три с половиной года в интенсивном и мощном публичном служении. И на сегодняшний день Он провел уже около двух тысяч лет в ходатайстве! Послание к Евреям 6:18-7:1 дает нам возможность еще глубже увидеть продолжающееся служение Иисуса:

> *... дабы ... твердое утешение имели мы, прибегшие взяться за предлежащую надежду, которая для души есть как бы якорь безопасный и крепкий, и входит во внутреннейшее за* (вторую) *завесу, куда предтечею за нас вошел Иисус, сделавшись Первосвященником навек по чину Мелхиседека. Ибо Мелхиседек, царь Салима, священник Бога Всевышнего...*

Читая эти стихи, я всегда мысленно вижу скинию Моисееву, в которой висели две большие завесы. Прохождение первой завесы символизировало соединение со Христом в Его воскресении. Там мы имеем эти пять служений Тела Христова (Церкви): апостолы, пророки, евангелисты, пастыри и учители. Проникновение за вторую завесу, в то место, которое известно как «Святое Святых», означает переход от воскресения к вознесению. Там происходит отождествление верующих с Иисусом в Его вознесении — присоединение к Нему, восседающему на Своем престоле (см. Ефес. 2:6). За второй завесой мы обнаруживаем два великие последние служения.

Когда Послание к Евреям говорит, что Иисус вошел за вторую завесу как первосвященник по чину Мелхиседека, оно свидетельствует о том, что это небесный чин царства и священства. Люди приходят в восторг от мысли, что можно стать апостолом или пророком здесь, на земле. Это действительно чудесные дары служения. Но Писание содержит обетование намного более высокого уровня служения. За второй завесой Иисус является Священником и Царем. Нам также дана возможность принять участие в этом служении.

СЛУЖЕНИЕ СВЯЩЕННИКА

Большинство людей понимают роль царя: он правит. Наше участие в функции Первосвященника понимается не так хорошо.

Давайте начнем с одного слова, которое описывает уникальное служение священника: жертва. В Послании к Евреям мы встречаем множество мест, где упоминается эта связь: священника и жертвоприношения. Например, вот что сказано в Послании Евреям 5:1: *«Ибо всякий первосвященник, из человеков избираемый, для человеков поставляется на служение Богу, чтобы приносить дары и жертвы за грехи...»*. Евреям 8:3 говорит: *«Всякий первосвященник поставляется для приношения даров и жертв...»* Священники приносят жертвы. Мы можем сказать и наоборот, что единственными людьми в Библии, которых Бог наделил правом приносить жертвы Ему, являются священники. (Два царя, Саул и Озия, принесли жертвы, и оба были подвергнуты суровому наказанию за это, поскольку они не были священниками.)

Из этих стихов Писаний Нового Завета мы понимаем, что никто не мог приходить к Богу с жертвой или жертвоприношением, если не был священником. У основной массы людей не было права приходить к Богу с даром, даже если это был не какой-то особый дар, а всего лишь десятина. Они должны были приходить через священника.

В связи с этим, некоторые слова, написанные Петром, могут показаться противоречивыми. Он говорит о том, что от первых христиан ожидалось, что они будут приходить к Богу с жертвами, 1-е Петра 2:5: *«... и сами, как живые камни, устрояйте из себя дом духовный, священство святое, чтобы приносить духовные жертвы, благоприятные Богу Иисусом Христом»*. Итак, эти два слова: глагол *«приносить»* и имя существительное: *«жертва»* — неразрывно связаны с понятием *«священство»*. Большинство из тех ранних христиан не было священниками, как и большинство из нас — по крайней мере, уж точно не из священнического колена Левия. Тогда что означает это место Писания?

И снова ответ находится в примере, который дал Иисус.

ВЫСШЕЕ СВЯЩЕНСТВО

Во время Своей земной жизни Иисус не принадлежал к левитскому священству. Послание Евреям 8:4 ясно подтверждает это: *«Если бы Он оставался на земле, то не был бы и священником, потому что здесь такие священники, которые по закону приносят дары...»* Иисус не происходил из колена Левия. Следовательно, Он не имел права приносить жертвы, предписанные левитскому священнику.

Иисус имел священство иного рода, и это священство описано в 6 и 7 главах Послания Евреям. Давайте еще раз обратимся к стихам, которые мы только что прочли. Евреям 6:19-7:1: *«...и входит во внутреннейшее за завесу, куда предтечею за нас вошел Иисус, сделавшись Первосвященником навек по чину Мелхиседека. Ибо Мелхиседек, царь Салима, священник Бога Всевышнего...»*

Нам нет необходимости читать дальше. Имя Мелхиседек по-еврейски означает «царь праведности». Его имя открывает его как царя, и при этом он был священником Салима, что означает «мир». Его священство является первым, о котором упомянуто в Библии (см. Бытие 14:18).

Левитское священство под законом Моисеевым было вторичным священством, более низкого уровня. Пребывающим и вечным является священство Мелхиседека, которое является чином священства Иисуса.

Интересно заметить, что Авраам принес свои десятины Мелхиседеку. В свою очередь, Мелхиседек предложил Аврааму хлеб и вино. На Последней Вечере, когда Иисус взял хлеб и вино и предложил их Своим ученикам, тем самым Он как бы сказал: «Во всем этом вы видите во Мне восстановление священства Мелхиседека».

Поскольку Иисус был Первосвященником, хотя и не по чину Левия, Он приносил жертвы даже тогда, когда Он был на земле. Если мы снова обратимся к Посланию Евреям, то прочтем о Его жертве и о том, как это применимо к нам. Здесь, в Послании к Евреям 5:6-7, процитирован Псалом 109:4:

...как и в другом месте говорит: Ты священник вовек по чину Мелхиседека. Он, во дни плоти Своей, с сильным воплем и со слезами принес молитвы и моления Могущему спасти Его от смерти; и услышан был за Свое благоговение...

Эти слова: *«Ты священник вовек по чину Мелхиседека»,* — отнесены к Иисусу. И сказано, что Он принес как Первосвященник три жертвы: во-первых, будучи на земле, Он принес молитвы и моления — взывания к Богу; во-вторых, на Кресте Он принес Самого Себя; в-третьих, на Небесах Он продолжает священническое служение ходатайства (как сказано далее в одном из переводов: *«и так был Он окончательно приготовлен к тому, чтобы стать Источником вечного спасения для всех послушных Ему»* — *примеч. ред.*)

СЛЕДУЯ ПРИМЕРУ ИИСУСА

Этот пример Иисуса показывает нам, кем Бог хочет, в конечном итоге, видеть нас. В книге Откровение 1:5-6 мы читаем такие слова:

Ему, возлюбившему нас и омывшему нас от грехов наших Кровию Своею и соделавшему нас царями и священниками Богу и Отцу Своему, слава и держава во веки веков, аминь.

Благодаря прощению наших грехов и омытию Кровью Иисуса мы стали царями и священниками. В других переводах сказано: *«царством священников»*. Какими бы словами это ни формулировалось, ясно одно: нам, возлюбленным и очищенным Богом, открыта возможность принять две высшие функции, которые только доступны для человека. Божье желание и цель для Его народа заключается в том, чтобы они были царством священников.

Что для нас означает на практике быть царями и священниками? Быть царями в Его Царстве — значит участвовать в управлении; быть священниками — приносить жертвы. Но особого внимания заслуживает именно это сочетание: *«царственное священство»*. Как носители царственной власти мы несем ответственность управлять этим миром для Бога. Но мы сможем делать это только тогда, когда научимся служить в качестве священников.

Какого рода духовные жертвы Бог ожидает от нас? Мы должны приносить те же самые жертвы, которые приносил Иисус во время Своей жизни на земле: молитвы и моления. Когда мы учимся молиться, тогда приобретаем способность управлять.

ПРИЗЫВАЕТ ЛИ БОГ ИМЕННО ВАС?

Какое-то время назад я получил американское гражданство. Я стал гражданином этой страны по своему выбору. Поверьте мне, я очень взвешенно подошел к этому вопросу. Несмотря на то, что я понимал реальную возможность излияния Божьего суда на Америку, я решил, что желаю отождествиться с этим народом в радости и в бедствии.

Понять силу молитвы и занять свое молитвенное место в Божьем Царстве — это не менее серьезное решение. Подумайте об этом. Готовы ли вы сказать: «Боже, если Ты можешь соделать меня священником в Твоем Царстве, то я готов платить цену этого»?

Но это еще не самая высшая точка. Когда вы молитесь, вы достигаете Трона. Другие люди могут не видеть вас, потому что вы будете находиться вне поля их зрения за второй завесой, но ваша жизнь будет на высоком счету у Бога как во времени, так и в вечности.

Возможно, сейчас вы не считаете себя сильным мужем молитвы, но если вы отдадите себя Богу, то Он сформирует вас. Может быть, это повлечет за собой некоторые изменения в ваших действиях и вашем подходе к жизни, но вашу жизнь будут отличать отвеченные молитвы. Нет ничего тяжелого в этом; это очень практично. Мы будем учиться в этой книге, как приближаться к Богу, соблюдая основные условия для получения ответа на молитвы.

Мы исследуем разные виды молитв, например,

такие как ходатайства и повеления. Мы уясним место духовной войны. Мы поймем то, как познавать волю Божью и молиться о ней. Молитва с дерзновением — это также доступно для нас. Помните о том, что Бог хочет, чтобы мы молились и получали то, о чем мы молимся.

Моя молитва за вас о том, чтобы Бог благословил вас в этом призвании, чтобы Он держал Свою руку на вас, и чтобы Он руководил вами на пути ученичества и духовной дисциплины. Да соделает Он вас теми, кем вы надеетесь стать.

Готовы? Тогда приступаем.

2

ОСНОВНЫЕ УСЛОВИЯ ДЛЯ ПОЛУЧЕНИЯ ОТВЕТА НА МОЛИТВУ

Воззовет ко Мне, и услышу его...
— Псалом 90:15 -

Молитва — это самая большая возможность, высшая привилегия и величайшее служение, доступная для всех христиан. Я не читал о том, что Иисус учил Своих учеников тому, как следует проповедовать, но Он учил их тому, как следует молиться. Верю, что всякий, кто стремится быть учеником Иисуса Христа, кто желает занять свое место в Божьем Царстве священников, — должен стремиться научиться тому, как молиться действенным образом. Помните, что Бог не только приглашает нас к молитве, Он ожидает от нас того, что мы будем молиться.

Вот восемь условий приближения к Богу в молитве, которым Писание учит нас. Эти основные условия являются первым шагом к отвеченным молитвам.

1. Приходя с почтением и смирением

Ранее мы уже читали о жизни Иисуса на земле и о том, как Он молился. Евреям 5:7: «*Он, во дни плоти Своей, с сильным воплем и со слезами принес молитвы и моления Могущему спасти Его от смер-*

ти; и услышан был за Свое благоговение (почтительное смирение)...».

Мы уже рассматривали первую часть этого стиха в свете примера Иисуса в качестве священника и того, как Он принес молитвы и прошения Отцу во время Своей земной жизни. Но в конце этого стиха говорится еще о чем-то очень важном. Сказано о том, почему Бог Отец всегда слышал молитвы Своего Сына. Говорится о том, что Иисус был услышан за Свое почтительное смирение. Это является первым условием для приближения к Богу.

В чем выражалось это почтительное смирение Иисуса? В этом стихе речь идет о том моменте, когда Иисус молился в Гефсиманском саду. Вот описание этих событий из Евангелия от Матфея 26:39,42:

> *И, отойдя немного, пал на лице Свое, молился и говорил: «Отче Мой! если возможно, да минует Меня чаша сия; впрочем не как Я хочу, но как Ты». ...Еще, отойдя в другой раз, молился, говоря: «Отче Мой! если не может чаша сия миновать Меня, чтобы Мне не пить ее, да будет воля Твоя».*

Благоговейное смирение выражалось в словах: *«Не как Я хочу, но как Ты. Да будет воля Твоя».* Оно выражалось в отказе от своей собственной воли и принятии воли Отца.

В качестве образца молитвы Иисус дал нам то, что принято называть молитвой «Отче наш». В самом начале этой молитвы включается тот же самый принцип. Иисус учил нас молиться: *«Да придет Царствие Твое. Да будет воля Твоя на земле, как и на Небесах»* (см. Матф. 6:9-10).

Приходя к Богу, мы должны сказать: *«Да будет воля Твоя».* И эти слова подразумевают следующее: «Если Твоя воля не совпадает с моей, тогда я отказываюсь от своей воли, чтобы Твоя воля исполнилась». Когда две воли пересекаются, то воле Божьей должен быть освобожден путь. В нашей жизни есть проблема влияния «старой природы», которая решается именно таким образом. В Послании Ефесянам 4:21-24 апостол Павел объясняет это так:

> *... потому что вы слышали о Нем и в Нем научились, — так как истина во Иисусе, — отложить прежний образ жизни ветхого человека, истлевающего в обольстительных похотях, а обновиться духом ума вашего и облечься в нового человека, созданного по Богу, в праведности и святости истины.*

Есть два «я»: наше старое «я» — наш «ветхий человек», наша старая натура, которая унаследована нами с тех пор, когда мы жили без Бога, — и новое «я», полученное нами при новом рождении, наш «новый человек», которому должно расти и достигать зрелости, к которой Бог хочет привести нас. Чтобы наше новое «я» проявляло себя, сначала мы должны устранить наше старое «я». Сказано, что именно мы должны сделать это — Бог не сделает этого за нас. Как мы делаем это? Когда мы говорим: «Да будет воля не моя», — то тем самым устраняем старое «я», которое ищет своего. Когда же говорим: *«Да будет воля Твоя»*, — мы утверждаем этим наше новое «я», созданное по Богу. Вот так происходит изменение (обновление) образа нашего мышления.

Если бы Бог отвечал на все молитвы ветхого человека, который находится в каждом из нас, то Вселенная пришла бы в хаос. Позвольте дать вам один простой пример. Ученики воскресной школы планируют сделать пикник на природе и вот они молятся: «Господи, отведи в сторону дождь». В это время поля и посевы изнывают от жажды, и фермеры молятся:

«Господи, пошли дождь. Нам нужен дождь». Как Он сможет ответить на обе молитвы? Истина в том, что не будет никакого вмешательства с Его стороны до тех пор, пока не прозвучит молитва из сердца «нового человека», который отвергнет свою собственную волю.

Или же возьмем другой типичный пример. Две страны воюют друг с другом. Христиане каждой из них молятся: «Боже, даруй нам победу». Как Богу ответить на эти молитвы? Но, видите ли, Бог и не обещал делать этого. Бог услышит молитву «нового человека», но Он совершенно не обязан потворствовать старому бунтарскому «я», которое ищет лишь утверждения своей собственной воли.

Поэтому, когда мы молимся о чем-то, сначала следует спросить самих себя: «Я молюсь об этом, потому что сам хочу этого, или потому, что этого хочет Бог?» Это даст вам совершенно новый угол зрения. Если я молюсь только потому, что я хочу этого, тогда мои молитвы не будут услышаны; но если потому, что Бог хочет этого, тогда мои молитвы будут отвечены.

Есть определенные вещи, о которых люди очень часто молятся Господу, такие как исцеление от болезни или избавление от финансовой нужды. Даже в этих сферах, которые, как нам кажется, несомненно находятся в воле Божьей, мы все-таки должны спросить самих себя: «Я молюсь за исцеление потому, что я хочу быть исцеленным, или потому, что Бог желает моего исцеления? Я молюсь за финансовое преуспевание потому, что мне хочется этого, или потому, что Бог желает этого?» Прояснение этого вопроса окажет очень сильное влияние на весь наш подход к Богу.

Помню, как однажды, несколько лет назад, ко мне подошла женщина и попросила меня помолиться за ее сына, который оказался в больнице. Ему было около двенадцати лет, и у него обнаружили неизлечимое заболевание. Я уже был готов помолиться вместе с ней, но вдруг неожиданно для самого себя спросил у нее: «Передали ли Вы своего сына в руки Божьи?».

Когда я задал этот простой вопрос, у женщины началась истерика. Она подумала, что я хочу сказать, что ее сын умрет. Я не это имел в виду. Я просто хотел дать понять, что пока она продавливает собственную волю, воле Божьей не остается места. Пока она крепко сжимает его в своих руках, руки Божьи не могут взять его. Пока мы силимся продавить свою собственную волю, мы не даем места воле Божьей.

Позвольте предложить вам три истины, которые необходимо помнить, когда вы «созреваете» для того, чтобы отвергнуть собственную волю и принять волю Божью. Во-первых, Бог любит вас больше, чем вы любите себя сами. Во-вторых, Бог понимает вас лучше, чем вы понимаете самих себя. В-третьих, Бог желает только самого лучшего для вас. Когда вы истинно уступите Божьей воле, то обнаружите, что она действительно такая, какой ее описывает Библия: «*благая* (хорошая), *угодная* (подходящая для вас) и *совершенная* (ведет вас к совершенству)» (Римл. 12:2).

Почтительное смирение понимает, что молитва не является способом побудить или заставить Бога сделать то, чего мы хотим. Когда мы говорим: *«Да будет воля Твоя»*, то становимся Божьими инструментами, чтобы делать то, чего желает Он.

Задумайтесь над словами Павла, которые он написал в Послании Ефесянам 3:20-21: «*А Тому, Кто действующею в нас силою может сделать несравненно больше всего, чего мы просим, или о чем помышляем, Тому слава в Церкви во Христе Иисусе во все роды, от века до века. Аминь*».

Божья способность ответить на наши молитвы

неизмеримо превышает все, о чем мы просим или помышляем. Вы можете сказать: «Как это может быть? Что может быть несравненно больше всего, о чем я могу попросить или помышлять?» Ответ такой: все, чего хочет Бог, — оно неизмеримо больше.

Видите ли, желаемое Богом намного больше, намного выше и намного лучше всего, что мы с вами можем представить или пожелать для себя. Пока мы ограничиваем Бога делать только то, что мы хотим, мы упускаем то, чего хочет Он. Поэтому для того, чтобы принять лучшее от Бога, в своих молитвах мы должны приходить к Нему так, как это делал Иисус — с почтительным смирением. Мы должны сказать: «Боже, не моя, но Твоя воля да будет! Господь, я молюсь об исцелении не потому, что я хочу быть исцеленным, но потому что я верю, что Ты хочешь этого».

Во время войны мне пришлось лежать в госпиталях целый год, и врачи не могли ничем помочь мне. Я не вышел из госпиталя до тех пор, пока не понял, что Бог исцелил меня потому, что Он хотел этого, а не потому, что я хотел быть исцеленным. Способны ли вы выучить этот урок для себя?

Когда мы молимся с почтительным смирением перед волей Божьей, то оказываемся намного выше, чем могли бы достичь своей собственной волей.

2. Имея веру

В Послании к Евреям 11:6 сказано, что существует одно основное неизменное требование для всякого, кто приходит к Богу: *«А без веры угодить Богу невозможно; ибо надобно, чтобы приходящий к Богу веровал, что Он есть, и* (старательно, ревностно) *ищущим Его воздает».*

Вера является ключевым условием для приближения к Богу и принятия Им. Всякий приходящий к Нему должен веровать. Более того, от нас требуется верить в два факта: что Бог существует и что Он вознаграждает тех, кто прилежно ищет Его.

Для большинства людей нет проблем с тем, чтобы верить в существование Бога. Если бы это было все, что требуется, то мы смогли бы выполнить условие веры. Но на этом все не заканчивается. От нас также требуется верить, что Он вознаграждает тех, кто прилежно ищет Его.

Верите ли вы в это? Вы можете сказать: «Я пытаюсь, но, возможно, не ищу Его слишком старательно. Я не слишком силен в учении и теологии». У меня есть хорошая новость для вас. Эта вера связана, в первую очередь, не с учением или теологией, — скорее, со взаимоотношениями. Она свидетельствует о доверии Богу как Личности. Это уверенность в Его характере, верности и надежности. Скажу даже так: сторонитесь мыслей о теологии, когда приближаетесь к Богу в вере.

Это одна из причин, почему эта книга начинается с того, что важно иметь правильное представление о Боге — поскольку именно оно активирует веру. Мы верим в Божью благость, Его великодушие. Мы убеждены в Его верности. Мы знаем, что можем на Него положиться. Все это помогает нам понять, почему Библия учит тому, что неверие является грехом: неверие клевещет на Божий характер. Оно рисует лживую и отталкивающую картину Бога.

Наша вера должна проявляться во всем, что связано с приближением к Богу, в частности, в молитве. Например, давайте прочитаем слова Иисуса из Евангелия от Матфея 21:22: *«И всё, чего ни попросите в молитве с верою, получите»*. Ключевое слово здесь находится в середине: «с верою». В 1-м Иоанна 5:14 мы читаем: *«И вот какое дерзновение мы имеем к Нему, что, когда просим чего по воле Его, Он слушает нас»*. Если мы имеем уверенность в Нем Самом как в Личности, уверенность в Его доброте, уверенность в Его характере, тогда мы можем верить, что Он слышит нас.

Как мы можем приобрести такого рода веру, которая поможет нам приближаться к Богу с уверенностью? Благодарение Богу, что Новый Завет говорит нам не только о том, что мы должны иметь веру, но и как получить ее. Мы находим это в Послании Римлянам 10:17: *«Итак вера от слышания* (в большинстве переводов: *«вера приходит от слышания»* — *примеч. ред.*), *а слышание от слова Божия».*

Это ключевой стих для молитвенной жизни. На самом деле, это тот стих, который вывел меня из больницы после целого года безуспешного лечения. Я обязан своим здоровьем, моим долголетием и моей силой тому учению веры, которое содержится в этом стихе.

Подчинив себя Божьей воле, я узнал, что Его воля для меня была в том, чтобы восстановить мое здоровье. К концу своего пребывания там я уже осознавал, что, если бы я имел веру, Бог исцелил бы меня. «Но, к сожалению, у меня нет веры для исцеления», — каждый раз, думая об этом, говорил я себе.

Но однажды Дух Святой направил меня к Посланию Римлянам 10:17: *«Вера приходит от слышания».* Вдруг я отчетливо увидел эти слова: *«вера приходит».* Значит, если у тебя нет веры, ты можешь получить ее!

Как вера приходит? Вера приходит от слышания. Она приходит от слышания Бога. Видите ли, молитва — это не просто обращение к Богу; молитва — это двустороннее общение с Богом. Это поддерживание глубоко личных отношений с Ним. И если рассматривать обе стороны общения, то говоримое нам Богом намного важнее того, что можем сказать Ему мы.

Бог привел меня к Притчам 4:20-22, которые я

называю «Бутылочкой Божьего лекарства»:

Сын мой! словам моим внимай, и к речам моим приклони ухо твое; да не отходят они от глаз твоих; храни их внутри сердца твоего: потому что они жизнь для того, кто нашел их, и здравие для всего тела его.

Я принял решение принимать Слово Божье как свое лекарство — три раза в день после еды. После каждого приема пищи я устранялся от всего окружающего, открывал свою Библию, склонял свою голову и молился: «Боже, Твое Слово говорит, что оно является здравием для всего моего тела. Я принимаю его как мое лекарство, во имя Иисуса». Не смотря на то, что я находился тогда в самом неподходящем для моего выздоровления климате Северной Африки, Божье Слово принесло мне совершенное исцеление от моей болезни.

Иисус говорит нам, что Отец наш уже знает нашу нужду (см. Матфея 6:8). Когда мы приходим к Богу, говоря о том, в чем мы нуждаемся, то не говорим Ему что-то, чего Он не знает заранее. Молитва — это переход в такое положение и такие взаимоотношения с Богом, где ты знаешь, что получаешь необходимое, когда просишь Его. Такого рода вера приходит от слышания того, что Бог говорит.

Мы читаем в Библии, что однажды ночью во сне Бог явился Соломону, сыну Давидову, и сказал: «Проси, чего хочешь, и Я исполню твое желание». Соломон дал мудрый ответ: *«Дай слуге Твоему проницательное сердце»*. Большинство переводов говорят о *«мудром»*, *«различающем»*, *«прозорливом»* сердце. Еврейский оригинал дословно говорит о *«сердце слышащем»*. Нет ничего ценнее, чем сердце, которое слышит Бога (см. 3 и 4 главы 3-ей Книги Царств).

Чтобы помочь настроить свое сердце на слышание, я предлагаю вам молиться с открытой Библией.

Скажу больше, я надеюсь, что ваша значительная по времени молитва не начинается без предварительного чтения Библии. Почему? Во-первых, потому что Бог в первую очередь говорит через Свое Слово. Если вы хотите слышать Бога, то чаще всего это происходит именно через чтение Божьего Слова (*«вернейшего пророческого слова»* — 2-е Петра 1:19). Во-вторых, потому что все, что не согласуется с Библией — это не от Бога. Все время звучат обольщающие голоса, которые выдают себя за голос Божий, но далеко не всякое слово, которое звучит в духовном мире, истинно исходит от Бога.

Апостол Иоанн пишет нам следующее, 1-е Иоанна 5:14-15:

И вот какое дерзновение мы имеем к Нему, что, когда просим чего по воле Его, Он слушает нас. А когда мы знаем, что Он слушает нас во всем, чего бы мы ни просили, — знаем и то, что получаем просимое от Него.

Основанием действенной молитвы является уверенность, что мы молимся по воле Божьей. Первейшим и основным источником знания воли Бога является Его Слово — Библия. Таким образом, когда мы приклоняем свое ухо и внимательны к тому, что Бог говорит, тогда возрастает наша вера в то, что наши молитвы будут отвечены.

3. Молясь во имя Иисуса

Следующее условие для ответа на молитву очень простое. Слово Божье учит нас, что мы должны молиться во имя Иисуса. Давайте рассмотрим всего один пример. При этом обратите внимание, что эти стихи открывают нам, как наши взаимоотношения с Богом во имя Иисуса действуют обоюдным образом — в нашем прошении и в Божьем даянии. Евангелие от Иоанна 16:23-24:

Истинно, истинно говорю вам: о чем ни попросите Отца во имя Мое, даст вам. Доныне вы ничего не просили во имя Мое; просите, и получите, чтобы радость ваша была совершенна.

Что означает *«просить во имя Иисуса»*? Хочу предложить вашему вниманию три истины.

Во-первых, когда мы молимся во имя Иисуса, мы приходим к Богу на основании того, что Иисус сделал для нас. В 1-м Петра 3:18 сказано: *«потому что и Христос, чтобы привести нас к Богу, однажды пострадал за грехи наши, праведник за неправедных»*. Иисус понес наказание за наш грех, когда умер вместо нас. Он также понес нашу вину и наше осуждение, что открыло нам путь к Богу без чувства вины и осуждения. Мы получили право приходить к Богу.

Павел пишет в Ефесянам 2:13: *«А теперь во Христе Иисусе вы, бывшие некогда далеко, стали близки Кровию Христовою»*. Кровь Христова является видимым, вечным свидетельством жертвы, которую совершил Иисус ради нас. Когда мы приходим во имя Иисуса, мы приходим на основании и благодаря Крови, которую Он пролил ради нас.

Мы будем говорить более подробно о крови Иисуса в седьмой главе. Сейчас позвольте обратить вас к Посланию Евреям 12:22,24, где говорится о небесных сферах следующее: *«Но вы приступили ... к небесному Иерусалиму ... и к Ходатаю нового завета Иисусу, и к Крови кропления, говорящей лучше, нежели Авелева»*.

Здесь мы видим выразительное сопоставление, основанное на инциденте, имевшем место в самом начале истории человечества и описанном в Ветхом Завете. Вы помните эту историю с убийством Авеля его братом Каином. Бог сказал Каину: *«Что ты сделал?»* И когда Каин попытался увильнуть от ответа, Бог сказал: *«Голос крови брата твоего вопиет ко Мне от земли»*. Кровь Авеля взывала о суде и отмщении (см. 4 главу книги Бытие).

Послание Евреям говорит нам, что ради нас было совершено кропление в небесах кровью Иисуса, и она говорит лучше, чем кровь Авеля. Мы знаем, что кровь Иисуса была пролита ради примирения, милости, прощения, и нашего искупления.

Когда я нахожу трудным молиться, одним из моих самых великих утешений является то, что кровь Иисуса постоянно говорит на Небесах за меня, даже тогда, когда я не знаю, что говорить. Вот что, в частности, означает молиться во имя Иисуса и осознавать, что мы приходим к Богу на основании того, что Иисус сделал для нас.

Во-вторых, когда мы молимся во имя Иисуса, это означает, что мы приходим на основании того, Кем является Иисус, а не кем являемся мы.

Послание Евреям 10:19,21-22 говорит, что мы приходим к Отцу с Иисусом, как нашим Первосвященником:

Итак, братия, имея дерзновение входить во святилище посредством Крови Иисуса Христа, ... имея великого Священника над домом Божиим, да приступаем с искренним сердцем, с полною верою...

Вдобавок к этому, апостол Иоанн пишет в 1-м Иоанна 2:1: *«Дети мои! сие пишу вам, чтобы вы не согрешали; а если бы кто согрешил, то мы имеем ходатая пред Отцем, Иисуса Христа, праведника»*.

Слово, которое переведено как *«ходатай»*, буквально означает следующее: *«призванный быть рядом, чтобы помогать нам, вступаться и ходатайствовать за нас»*.

Когда мы приходим во имя Иисуса, мы приходим вместе с Ним как нашим Первосвященником и Адвокатом. Как наш Первосвященник, Он передает наши прошения Богу — и поскольку они приносятся Иисусом, то мы знаем, что они достигают Бога. Как наш Адвокат, Он напрямую обращается к Богу, вступаясь за нас. Он ходатайствует за нас лучше, чем мы могли бы это делать сами. Когда мы совершаем ошибки и даже грехи, нам нет необходимости стоять в стороне от Бога и находиться под бременем осуждения. Нам все еще открыт доступ к Богу благодаря Иисусу.

В-третьих, молиться во имя Иисуса — это осознавать те взаимоотношения, которые мы имеем с Богом через Иисуса.

Давайте обратимся к словам Павла в Послании Ефесянам 1:3-6:

Благословен Бог и Отец Господа нашего Иисуса Христа, благословивший нас во Христе всяким духовным благословением в небесах, так как Он избрал нас в Нем прежде создания мира, чтобы мы были святы и непорочны пред Ним в любви, предопределив усыновить нас Себе чрез Иисуса Христа, по благоволению воли Своей, в похвалу славы благодати Своей, которою Он облагодатствовал нас в Возлюбленном.

Еще прежде появления времени и сотворения Вселенной в сердце Бога была вечная цель. Бог предузнал нас и предопределил усыновить в Свою семью через Иисуса Христа. Все это совершилось во времени и истории человечества, когда пришел Иисус и умер ради нас.

Я люблю эти слова: «*В похвалу славы благодати Своей, которою Он облагодатствовал нас в Возлюбленном* (в большинстве других переводов: «*усыновил нас в Возлюбленном*» — *примеч. ред.*)». Это то, кем мы являемся: мы приняты Богом как Его дети, когда мы приходим к Нему в Возлюбленном, Иисусе

Христе. Мы приняты не потому, кто мы есть, но благодаря тому, Кто Иисус.

Одной из величайших психологических и эмоциональных проблем нашей современной культуры является отверженность. Огромное количество людей идет по жизни, чувствуя себя отверженными, нежеланными, второсортными — возможно, из-за неправильного отношения своих родителей или из-за плохого отношения мужа или жены. Вероятно, нет более глубокой раны, чем раны отверженности. Однако первый шаг к исцелению этой раны — это осознать, что когда мы приходим к Богу в Иисусе, мы не отвержены. Бог никогда не отвергает Своих детей. Мы приняты в Возлюбленном, и это меняет все в нашем приближении к Богу.

Когда мы приходим к Богу через Иисуса на этом основании, то получаем доступ к удивительным благословениям. Давайте сначала заглянем в Римлянам 8:32: *«Тот, Который Сына Своего не пощадил, но предал Его за всех нас, как с Ним не дарует нам и всего?»* Какие потрясающие слова! Вместе с Ним, с Иисусом, Бог дарует нам все! Но обратите внимание, что все зависит от пребывания с Ним. Когда мы с Иисусом, то имеем право на все как дети Божьи. Без Него у нас нет никаких прав на обладание чем-то от Бога.

Затем прочитаем Филиппийцам 4:19: *«Бог мой да восполнит всякую нужду вашу, по богатству Своему в славе, Христом Иисусом»*. Это означает, что нам нет необходимости проходить путь, испытывая недостаток — восполнение приходит от богатства Божьего. Я верю, что Бог достаточно богат, чтобы восполнить нужды всех Своих детей, но это обеспечение находится в Иисусе Христе. Осуждение всегда подрывает дерзновение. Давайте рассмотрим обе эти стороны.

4. Приступая с дерзновением

Два отрывка из Послания Евреям говорят нам, почему мы должны приходить к Богу с дерзновением. Во-первых, Евреям 4:16: *«Посему да приступаем с дерзновением к престолу благодати, чтобы получить милость и обрести благодать для благовременной помощи».*

Мы молимся Тому, Кто находится на Престоле. Престол свидетельствует о Царе. Это не просто царь, это Царь. Царь царей и Господь господствующих, Верховный Правитель Вселенной, Который сказал: *«Дана Мне всякая власть на небе и на земле»* (Матф. 28:18). Мы молимся Тому, Кто имеет как власть, так и силу сделать то, о чем мы просим. Давайте поднимем наши глаза от нас самих и от наших собственных нужд и проблем и взглянем на этот славный Престол.

Затем, этот Престол является Престолом благодати. Слово «благодать» является одним из ключевых слов в Новом Завете. Она всегда означает что-то, что идет дальше того, чего мы можем достичь или что мы можем заслужить своими собственными усилиями. Поскольку этот Престол является Престолом благодати, то мы не ограничены тем, что мы заслужили или что сами можем достичь, или что наши собственные усилия могут сделать для нас.

На протяжении всей моей христианской жизни я четко осознавал, что нуждаюсь в Божьей благодати. Это место Писания ободряет меня верить тому, что если я прихожу за милостью, то именно милость я и получу.

С уверенностью

Следующим условием для успешной молитвы является уверенное приближение к Богу. Есть две стороны в описании этого: с одной стороны, «имея дерзновение»; с другой стороны, «не имея осуждения». Полагаю, что некоторые люди не получают милость по одной простой причине — они не видят свою нужду в милости и не приходят с верой для того, чтобы получить ее.

Далее, мы приходим за помощью во время нужды. Мы не смотрим на обстоятельства. Мы не говорим: «Ситуация настолько безнадежная и проблемы такие большие, что с этим ничего нельзя поделать». Именно во время нужды, именно тогда, когда большие проблемы — именно тогда Бог приглашает нас прийти.

Давайте обратимся к прекрасному месту Писания из Послания Евреям 10:19,22, которое призывает нас приходить с дерзновением: *«Итак, братия, имея дерзновение входить во святилище посредством Крови Иисуса Христа, ... да приступаем с искренним сердцем, с полною верою, кроплением очистив сердца от порочной совести, и омыв тело водою чистою».*

(*«Кровь Иисуса сделала так, братья, что теперь мы можем смело и уверенно входить в небесный Храм. ...пойдем теперь к Богу с твердой верой, с сердцем искренним, освобожденным от грехов оскверненной совести, и с омытым, образно говоря, чистою водою телом»* — перевод Библии в Заокском — *примеч. ред.*)

Дерзновение. Твердая вера. Все говорит об уверенности — смелости, основанной на факте, что кровь Иисуса была пролита и кроплена в присутствии Самого Бога. Эта Кровь говорит за нас, даже когда мы не знаем, как молиться.

Обратите внимание, что оба места Писания из Послания Евреям говорят: *«Да приступаем...»*. Это указывает на два момента. Во-первых, это говорит о решении. Во-вторых, этот призыв находится во множественном числе — т.е. это призыв к коллективному решению нескольких человек. Иногда мы нуждаемся в том, чтобы приступать к Нему совместно, сообща — не просто как отдельные личности, но как члены Тела, Которое молится вместе с нами.

Без осуждения

Итак, для того, чтобы приходить к Богу с дерзновением: с одной стороны, мы должны иметь уверенность; с другой стороны, мы должны приходить без осуждения. Целый ряд мест Писания говорит о необходимости быть свободным от осуждения.

Вот одно из Псалма 65:18: *«Если бы я видел беззаконие в сердце моем, то не услышал бы меня Господь»*. «Видеть беззаконие в своем сердце» — значит осознавать, что все-таки есть что-то, на основании чего приходит осуждение. Всякий раз, когда я пытаюсь приблизиться к Богу в вере, сатана напоминает мне этот порок, с которым я еще не разобрался. Это может быть грех, который еще не был исповедан, или же был исповедан, но так и не было принято Божье прощение. Если я осознаю существование такого порока в моем сердце, то не получу того, о чем я молюсь. Я должен освободиться от осуждения греха, которое отравляет мое сердце, и уверенно приходить к Его Престолу (см. Евр. 4:16).

Основную роль в этом исполняет вера, потому что *«если исповедуем грехи наши, то Он, будучи верен и праведен, простит нам грехи наши и очистит нас от всякой неправды»* (1 Иоан.1:9). Когда мы исповедали, покаялись и доверились Божьему прощению и очищению, которые Он обещал, то нам больше нет необходимости мучиться от наших грехов. Если же мы, когда молимся, продолжаем пребывать в беспокойстве от «осуждения греха», то Бог не слышит наши молитвы. *«Если бы я видел беззаконие в сердце моем, то не услышал бы меня Господь»*. Но знаете ли вы, что псалмист не остановился на этом, но идет дальше? «Но Бог услышал, внял гласу моления моего». Другими словами, он поднялся выше стараний сатаны обвинить его.

Апостол Иоанн выражает ту же самую мысль: *«Возлюбленные! если сердце наше не осуждает нас, то мы имеем дерзновение к Богу, и, чего ни попросим, получим от Него...»* (1-е Иоанна 3:21-22). Мы должны отложить в сторону любое отношение, которое предполагает какую-либо праведность в нас самих. Сами по себе мы не имеем никакой праведности. Мы должны прийти к такому отношению, при котором мы будем полагаться на Его верность, и это даст нам уверенность и дерзновение.

В Послании Римлянам 8:1 апостол Павел еще раз пишет: *«Итак нет ныне никакого осуждения тем, которые во Христе Иисусе...»* И далее в этой главе своего послания он рисует прекрасную картину всех благословений, привилегий и плодов жизни, исполненной и управляемой Святым Духом. Мы получим доступ к благословениям этой главы и вход в такую жизнь, когда выйдем из-под осуждения.

Полагаю, что проблема многих христиан в том, что они не знают, праведны они или нет. Но это истина. Если я был оправдан по вере в Иисуса Христа, то я был соделан праведным в Его праведности. И если я знаю это, стою на этом и живу согласно этому, то не коснется меня никакое осуждение, которое относится к нечестивым.

Однако это совсем не означает, что христианин не будет иметь проблем в этом мире: мы будем гонимы из-за праведности. Библия говорит, что благо страдать и быть гонимым ради Христа. Но праведные страдания и мучения нечестивых имеют ключевое отличие. Гонение на праведность исходит от нечестивых и падает на возлюбивших праведность. Осуждение нечестия приходит от Праведного Бога и падает на любящих нечестие.

Мы призваны к тому, чтобы переносить гонения. Но никто из нас, верующих, не попадет под Божье осуждение, которое пребывает над нечестивыми. Когда вы на самом деле понимаете это, то это рождает у вас глубокий вздох облегчения. Но, как уже было сказано, многие христиане по-настоящему не понимают того, где они и что с ними происходит.

В Евангелии от Луки 21:36 записаны слова Иисуса о кончине этого века. В самом конце Своего обращения к Своим ученикам Он говорит следующее: *«...итак бодрствуйте на всякое время и молитесь, да сподобитесь избежать всех сих будущих бедствий и предстать пред Сына Человеческого»*.

Итак, Иисус говорит о том, что воля Божья состоит в том, чтобы Его ученики избежали судов Божьих, которые придут на грешную землю. Это четко совпадает с линией всего учения Писания. Но Он говорит им: «Вам лучше быть бдительными и молиться. В противном случае, вы не сможете избежать этого». Более того, Он говорит: *«Бодрствуйте... молитесь... да сподобитесь...»* (букв. *«будете засчитаны достойными»* — примеч. ред.). Достойными чего? Вечной жизни? Нет, мы перешли из смерти в жизнь по Божьей благодати. Вы не должны заслуживать или удостаиваться этого. Но когда первоначально Бог спас вас и вы стали детьми Божьими, от вас требовалось начать такую праведную жизнь, что было бы неправедным со стороны Бога подвергнуть вас одному суду с нечестивыми. Вот такой является христианская жизнь.

Но при конце этого века надо быть осторожным, чтобы не стерлась разграничительная линия и чтобы не оказаться на неправильной стороне. Как мы увидим в девятой главе этой книги, когда будем изучать Божью цель в молитве за Церковь, что по мере приближения пришествия Господа Иисуса размежевание между праведными (святыми) и неправедными (оскверненными) становится все больше и глубже. Нечестивые погрязают в нечестии и становятся все хуже. В то же самое время святые усиливаются и действуют, и сияют все ярче (см. Откр. 22:11 и Дан. 11:32). Вам лучше убедиться, в какую категорию входите вы.

Настало время отложить всякие попытки оправдать самих себя и сказать: «Я принимаю верой праведность Иисуса Христа, которая вменяется мне по моей вере, согласно Слову Божьему. Я больше не буду озабочен своими усилиями. Я больше не буду терзаться по поводу моих грехов. Впредь я буду выставлять свои добрые дела. Я больше не буду сгорать от стыда из-за своих прошлых плохих дел. Я прекращу бесконечное исследование себя, достаточно ли я хорош. Буду верить Богу, что кровь Иисуса очистила меня от всех моих грехов. И сейчас я уверенно направляюсь напрямую к Престолу, прямо в Святое Святых Вселенной». Это славный путь приближения.

Книга Есфирь рисует прекрасную картину вхождения в присутствие царя. Это был момент тяжелейшего национального и личного кризиса: близился день истребления всего ее народа, а царь не приглашал Есфирь к себе уже долгое время. Дерзнув прийти к нему незванной, Есфирь сознательно подвергла опасности свою жизнь. По окончании трехдневного поста она облачилась в свое царское одеяние и вошла в присутствие царя. Он принял ее и выполнил ее просьбу. Обратите внимание, она вошла как царица, а не как попрошайка. Вот такой хочет видеть Христос Свою Церковь — входящей к Нему, подобно царице, верящей в то, что она будет принята благодаря Его благодати и праведности.

5. Имея правильные мотивы

Следующее условие для успешной молитвы — молиться с правильными мотивами.

Религиозные люди, подобно фарисеям, склонны к тому, чтобы сосредотачиваться на внешнем. Они озабочены тем, как люди одеваются, чем занимаются в свободное время, что едят. Религиозным людям, которые через внешнее пытаются достичь внутреннего, трудно понять, что Бог действует от внутреннего ко внешнему.

Когда Бог послал Самуила в дом Иессея для того, чтобы помазать одного из его сыновей как будущего царя Израиля, Иессей представил ему семь сыновей — они все были видными, статными, красивыми и сильными молодыми людьми. Каждый раз, когда Самуил думал: «Ну, наверное, вот этот будет царем!» — Господь поправлял: «Нет, не этот». Затем Господь дал ему такое объяснение: *«Я смотрю не так, как смотрит человек; ибо человек смотрит на лице, а Господь смотрит на сердце»* (1-е Царств 16:7).

Бог исследует помышления и намерения наших сердец и выявляет наши мотивы. Он берет во внимание не только то, что мы просим у Него в молитве, но также и то, почему мы хотим этого. Более развернутое объяснение мы находим в Послании Иакова 4:2-3:

Желаете — и не имеете; убиваете и завидуете — и не можете достигнуть; препираетесь и враждуете — и не имеете, потому что не просите. Просите, и не получаете, потому что просите не на добро, а чтобы употребить для ваших вожделений.

Есть одна простая причина, почему мы не имеем того, что Бог хочет нам дать: потому что мы не просим. Но если мы просим и все-таки не получаем, то, возможно, это потому, что мы молимся с неправильными мотивами. В частности, неверным мотивом, по словам Иакова, может быть то, что мы употребим это для наших вожделений. Другими словами, если наши молитвы сосредоточены на нас самих, то наши мотивы являются неправильными. Все, чего мы ищем — это получить что-то для своего плотского комфорта и собственного удовлетворения.

Мы можем спросить: что же является правильным мотивом для молитвы? Иисус ясно утвердил это: *«И если чего попросите у Отца во имя Мое, то сделаю, да прославится Отец в Сыне».*

Иисус дал нам это всеобъемлющее обещание: чего бы вы ни попросили во имя Его, Он то сделает. Но основанием для того, чтобы Он сделал это, является следующее: чтобы Отец мог прославиться в Сыне. Правильным мотивом для молитвы является то, что ответ на нее принесет славу Богу. На самом деле, это является верным мотивом для всего, что мы делаем. Жизнь праведности, основанной на вере, приносит славу Богу.

Мы можем посмотреть на это и с другой стороны. Что является сущностью греха? Грехом является не просто ограбление банка или прелюбодеяние, или что-то ужасное в глазах религиозных людей. Сущность греха — в решении жить не для славы Божьей, отказ Ему во славе, которая по праву принадлежит Ему.

Павел описывает в своем письме римлянам, как все человечество отвернулось от Бога и получило в удел жизнь невежества и беззакония — бесплодную и пустую жизнь в суете. Он указывает на шаги, которые привели к этому ужасному сползанию в бездну мрака: *«Но как они, познав Бога, не прославили Его, как Бога, и не возблагодарили, но осуетились в умствованиях своих, и омрачилось несмысленное их сердце...»* (Римл. 1:21).

Какими были первые два шага? Во-первых, они

не прославили Бога. Во-вторых, они были неблагодарны. Всякий, кто делает эти два первых шага, оказывается на скользком склоне, который, в конечном итоге, обязательно ведет к состоянию, о котором страшно и думать. Говоря что-то Богу, мы должны быть осторожными, чтобы не совершать таких же ошибок.

Бог хочет видеть каждого из нас свободным от негативного влияния греха и восстановленным в правильной мотивации и с правильной жизненной целью. Когда мы приходим к Нему и молимся с этой мотивацией — чтобы Бог мог быть прославлен в ответе на молитву, которая была совершена во имя Иисуса Христа, Его Сына, — тогда Он обещает что-то поистине удивительное. Он говорит, что все Его обетования становятся доступны для нас: *«Ибо все обетования Божии в Нем «да» и в Нем «аминь», — в славу Божию, через нас»* (2-е Коринфянам 1:20).

Не захватывает ли у вас дух от этих слов? Всякое обетование, которое соответствует моей ситуации и восполняет мою нужду — оно теперь для меня, если я провозглашу его во имя Иисуса и если прибегну к нему для славы Отца! Сколько бы ни было дано обетований — я слышал, что в Писании насчитывается порядка восьми тысяч обещаний, которые были даны Богом, — все они «да» во Христе.

В ответ на это Божье «да» мы в вере говорим: «Аминь, во славу Божью». Именно наше «аминь» скрепляет Божье «да» и делает обетование нашим.

6. Прощая тех, кто причинил вред

Одним из того, чему Иисус учит нас в Нагорной Проповеди, является следующее: *«И прости нам долги* (злые деяния) *наши, как и мы прощаем должникам нашим* (причинившим нам вред)*»* (Матф. 6:12). Прости нам так, как мы прощаем другим. Мы можем не осознавать, что это является важным условием для получения ответа на наши молитвы.

Наставляя людей и просто имея дело со многими людьми, я обнаружил, что это является самой распространенной причиной блокировки и разочарования в духовной жизни и неполучения ответа на молитвы. Как правило, непрощение связано с каким-то конкретным человеком. Однажды я беседовал с женщиной, которая искала помощи, и сказал: «Есть кто-то, кому Вы не простили?» Она сказала: «Да», и вспомнила одного сотрудника Департамента юстиции США. Я сказал: «Если Вы хотите разрешения Вашей проблемы, вы должны простить его. Другой альтернативы нет. Если Вы не простите его, то Бог не простит Вас». Мы молимся: *«Прости нас, как мы прощаем другим»*.

Иисус пообещал нам прощение только в той мере, в какой мы прощаем других. Согласны ли вы простить? Запомните, мой друг, прощение — это не эмоции, но решение. Я называю это «разорвать долговые расписки». Кто-то должен Вам три тысячи долларов. Пусть так. Порвите долговую расписку. Потому что знаете, сколько Вы должны Богу? Шесть миллионов долларов. Хотели бы Вы, чтобы Он разорвал эту долговую расписку? Вы разорвите свои — а Он разорвет Свои. Это неизменный закон. Вы не можете изменить Бога. Он просит, чтобы мы простили, если хотим, чтобы Он простил нас.

Последнее прошение в молитве «Отче наш» — просьба об избавлении от сатаны. *«Избавь нас от лукавого»* (Матф. 6:13) — буквально: *«Освободи нас от того, кто есть зло»*. Мы с вами не имеем права просить об освобождении до тех пор, пока не простим других так, как мы бы хотели быть прощены сами.

Иисус также сказал: *«И когда стоите на молитве, прощайте, если что имеете на кого, дабы и*

Отец ваш Небесный простил вам согрешения ваши» (Марка 11:25). Это означает простить все и всех, без исключения. Когда вы молитесь, то прощайте, *«дабы и Отец ваш Небесный простил вам согрешения ваши. Если же не прощаете, то и Отец ваш Небесный не простит вам согрешений ваших»* (стихи 25-26). Это абсолютно ясно, и это сказано христианам, для которых Бог является Небесным Отцом. Прежде чем мы с вами будем молиться, мы должны простить. Нехорошо пытаться приблизиться к Богу в молитве с непрощением в своем сердце против кого-то за что-то.

7. Будучи ведомым Духом Святым

Два последних условия — быть ведомым Духом Святым и просить согласно Слову Божьему — помогают нам молиться в воле Божьей. Мы убедимся, что сила Святого Духа действует через наши молитвы ровно настолько, насколько они согласуются со Словом Божьим.

Давайте начнем с Послания Римлянам 8:14: *«Ибо все, водимые Духом Божиим, суть сыны Божии»*. Оригинальный греческий текст свидетельствует о настоящем продолжительном времени действия: все те, кто сейчас и всегда (в смысле: систематически, регулярно, постоянно) водимы Духом Божьим, те являются сынами Божьими. Как нам жить ежедневно в этом мире как сынам Божьим? Для этого следует быть регулярно и постоянно водимыми Святым Духом.

Далее в Послании Римлянам 8:26-27 апостол Павел применяет эту истину о водительстве Святого Духа в христианской жизни к нашим молитвам:

Также и Дух подкрепляет нас в немощах наших; ибо мы не знаем, о чем молиться, как должно, но Сам Дух ходатайствует за нас воздыханиями неизреченными. Испытующий же сердца знает, какая мысль у Духа, пото-

му что Он ходатайствует за святых по воле Божией.

Павел сказал, что Дух пришел, чтобы помочь нашим немощам, нашей ограниченности, и что мы имеем определенную неспособность. Это не физическая немощь. Это не заболевание. Это часть нашей плотской натуры. В чем состоит эта немощь? Мы не знаем то, как нам следует молиться. Или, если сказать другими словами, мы не всегда знаем, о чем молиться; и даже если знаем о чем, то очень часто не знаем, как об этом молиться. Вы можете знать, что ваш сын нуждается в молитве или ваш друг нуждается в молитве, но вы не знаете, как молиться.

Каким же является Божье решение? Дух Божий приходит к вам на помощь в этой немощи. Как это происходит? Он принимает на Себя руководство и ходатайствует через вас, молясь по воле Божьей. Поэтому, когда мы не знаем, как молиться согласно замыслам Божьим, когда мы встречаемся с необходимостью знать, о чем молиться, что мы делаем? Мы обращаемся к Господу, чтобы Он Духом Святым руководил нами и молился через нас.

Это одно из прекрасных благословений истинного крещения Духом Святым. Вот почему я верю, что кульминацией крещения Духом Святым должно быть сверхъестественное говорение, где говорит Дух Святой, а не просто сам верующий. Лучше сказать, Дух Святой дает верующему язык, которого верующий не знает и не понимает. Когда верующий подчиняет себя этому, Дух Святой молится через него, ходатайствуя за него с воздыханиями, которые нельзя выразить словами. Он молится о святых согласно воле Божьей. Он молится той молитвой, которую Бог хочет слышать и на которую Он желает ответить.

Как прекрасно осознавать, что, когда мы не знаем, как молиться, мы можем обратиться к Богу и предоставить место Его Духу! Когда Он молится через нас на незнакомых языках, мы молимся правильной молитвой. Мы знаем, что это правильная молитва, потому что Дух Святой дает нам эту молитву, и Он молится согласно открытой воле Божьей. Он получает власть над нашими речевыми органами и над нашей внутренней сущностью, и Он проводит молитвенное собрание внутри нас! Это прекрасное Божье снаряжение, доступное для каждого верующего во Христа.

Помню, как однажды, мы с первой женой Лидией в конце октября были у нее на родине, в Дании. Мы планировали поездку в Британию в ноябре. Однажды утром, когда мы, как обычно, молились вместе, она неожиданно переключилась на другую тему и произнесла слова, которые услышал и я: «Господь, даруй нам прекрасную погоду на все время, пока мы будем в Британии».

Услышав это, я чуть не упал. Позже я спросил ее: «Знаешь, о чем ты только что помолилась?» Она отрицательно покачала головой. Я сказал: «Ты помолилась о том, чтобы Бог даровал нам прекрасную погоду на все время нашего пребывания в Британии». Она не могла даже вспомнить, что молилась об этом. Эти слова молитвы пришли не от ее разума — они были даны Духом.

Я сказал: «Знаешь, какая Британия в ноябре? Она холодная, сырая, туманная, сумрачная — совершенно неуютная и неприятная». За многие годы жизни в Британии мы убедились в этом достаточно хорошо.

Но знаете, что случилось? Мы приехали в Британию и погода на протяжении всего ноября была похожа на весеннюю. За все годы жизни там я не видел подобного ноября. Когда мы покидали Британию в последний день ноября, то сказали нашим друзьям: «Будьте внимательны — теперь погода должна измениться!»

Что мы делаем, когда приходим к концу нашего ограниченного понимания, когда мы исчерпываем наши бедные интеллектуальные ресурсы? Мы вверяемся Духу Святому. Эта задача для Него. Любимым молитвенным местом Писания моей первой жены был Псалом 80:11: *«Открой уста твои, и Я наполню их».* Просто подчините Духу Святому свои уста и позвольте Ему наполнить их. Он желает молиться через вас.

Библия говорит, что мы должны молиться всегда и непрестанно (см. 1 Фесс. 5:17; Ефес. 6:18). Может ли кто-то из нас, опираясь на свою собственную силу и понимание, молиться всегда и непрестанно? Конечно же, нет. Но когда мы позволяем прийти Святому Духу и вверяемся Ему, Он проводит круглосуточное молитвенное собрание.

Знаете ли, что вы можете молиться во сне? Это факт. Есть множество свидетельств тому, что многих людей слышали молящимися на языках во сне. В Песне Песней 5:2 невеста говорит: *«Я сплю, а сердце мое бодрствует».* Это одно из прекрасных качеств Невесты Христовой: ее сердце продолжает бодрствовать, молясь в Духе, когда ее разум и тело получают освежающий сон. Вы можете провести многие часы в молитве и встать ото сна свежим, как полевой цветок поутру. Это молитва на уровне открытой воли Божьей. Это позволение Святому Духу помочь нам в наших немощах, когда Он может взять руководство на Себя и молиться так, как Бог того хочет от нас.

Как уже было отмечено выше, Павел учит нас, что Бог может сделать несравненно больше всего, чего мы просим, или о чем помышляем, что представляем нашим естественным умом. Когда я взошел до самого высокого, что только могу себе представить, когда я достиг границ моего естественного мышления и понимания того, что Бог может и должен сделать, тогда я могу довериться Святому Духу и подняться на еще более высокий уровень молитвы. И это тот уровень молитвы, на который каждое дитя Божье имеет право всходить, на нем действовать и пребывать.

8. Молясь согласно Слову Божьему

Последним из главных условий для ответа на молитву является то, что эта молитва находится в согласии со Словом Божьим. Это тесно связано с предыдущим условием — необходимости быть направляемым Духом Святым. Видите ли, ключевым вопросом для молитвы является ее соответствие воле Божьей. Если я молюсь по воле Его, тогда, как мы видели из Писания, я знаю, что Бог слушает меня. И если Он слушает меня, я знаю, что имею то, о чем прошу.

Как узнать волю Бога? Где открывается воля Божья? — в Его Слове. Величайшим откровением воли Божьей является Слово Божье. С самого начала и до самого конца Писание просто насыщено Божьими обетованиями, Его обещаниями. Апостол Петр называет их *«великими и драгоценными обетованиями»* (2-е Петра 1:4). Знаете, чем являются эти обетования? Они являются волей Божьей для нас.

Таким образом, когда вы находите обетование, которое соответствует вашей ситуации и вашей нужде, это и есть Божья воля для вас. Бог никогда не обещал что-то, что не соответствует

Его воле — иначе просто не может быть. Все Божьи обетования соответствуют Его воле, Его желанию. Можете ли вы представить, что вы приходите к Богу и говорите: «Господи, Ты Сам обещал это», — а Он отвечает: «Да, пообещал. Но выполнять не желаю».

Поэтому это последнее условие — величайший секрет, который является ключом к нашей молитвенной жизни: мы молимся по воле Божьей, которая открыта в Его Слове.

Давайте взглянем на два примера, которые иллюстрируют это. Первый находится в Ветхом Завете, а второй взят из Нового Завета. В 1-й Паралипоменон мы читаем о том, как Давид утвердился на престоле своего царства. Он успешно победил внешних врагов, он принес стране мир и процветание, он построил прекрасную царскую резиденцию. И вот когда он сидел в своем доме и размышлял, его посетила такая мысль: *«Вот, я живу в доме кедровом, а ковчег завета Господня под шатром»* (1 Пар. 17:1).

Поэтому он сказал пророку Нафану: «Что, если я построю дом для ковчега Господня?» Тот ответил: «Это хорошая идея. Делай так, как ты сказал». Однако той же ночью Бог проговорил к Нафану: «Пойди и скажи рабу Моему Давиду: так говорит Господь: не ты построишь Мне дом для обитания, а твой сын сделает это. Но знаешь, что Я хочу сделать для тебя? Я устрою тебе дом».

Не чудесно ли это? Это еще один пример *«несравненно большего»*. Давид думал о самом великом деле, которое он смог бы сделать для Бога, но Бог ответил чем-то намного более великим. Слово «дом» в Библии означает, прежде всего, даже не здание, а семью, семейство. Бог пообещал Давиду, что его линия не прервется и его потомки не прекратятся, а также, что один из его сыновей воссядет на его престоле и будет править над Израилем и над всеми народами во веки веков.

Услышав об этом, *«пришел царь Давид, и стал пред лицем Господним...»* (1 Пар. 17:16). (Там, где Синодальный перевод говорит *«стал»* — все остальные переводы говорят: *«сел пред лицом Господа»*, — *примеч. ред.*) Мне нравится эта картина сидения пред Богом. Не знаю, как вы, но если я достаточно долго стою на коленях, то это становится довольно неудобно. Вы не найдете в Библии утверждения о том, что нам следует молиться только стоя на коленях. Например, когда Дух Святой сошел на учеников во время молитвы в день Пятидесятницы, они сидели.

Итак, Давид пришел и сел пред Всемогущим Богом, и сказал примерно следующее: «Боже, Ты так благ ко мне, и я хочу посвятить немного времени для того, чтобы поблагодарить Тебя за Твою доброту». А затем он сказал (1 Пар. 17:23): *«Итак теперь, о, Господи, слово, которое Ты сказал о рабе Твоем и о доме его, утверди навек, и сделай, как Ты сказал».*

Итак, «сделай так, как Ты сказал». Эти пять коротких слов выражают всю сущность эффективной молитвы. «Господь, Ты сказал это; пожалуйста, сделай это». Если Бог сказал, что Он сделает это, и вы просите Его сделать это, то вы можете быть уверены, что Он сделает. Его обещания, Его обетования являются откровением Его воли.

Можете ли вы увидеть красоту этой молитвы? «Пусть сказанное Тобой, Господи, будет утверждено. Не я говорил это, Господи; я не мог даже подумать об этом. Это намного выше того, что я могу помыслить, пожелать или попросить. Но Ты, Господи, сказал это; пожалуйста, сделай так, как Ты сказал».

Также обратите внимание, что Давид имел правильный мотив для молитвы. В 24 стихе мы читаем: *«И да пребудет и возвеличится имя Твое во веки».*

Давид не просил прославления для себя, но чтобы имя Господне могло прославиться. Это прекрасный образец молитвы: *«Да утвердится сказанное Тобой. Сделай так, как Ты сказал, чтобы имя Твое могло возвеличиться вовеки».*

Это верный ключ к отвеченной молитве. Если мы не знаем, что Бог обещал в Своем Слове, как мы сможем прийти к Нему и сказать: «Господь, Ты обещал это; пожалуйста, сделай это»? Слово и Дух должны соединиться в нашей молитве, и только тогда мы получим доступ ко всей творческой силе и власти

Всемогущего Бога.

Подумайте о том, как Бог сотворил Вселенную. Псалом 32:6: *«Словом Господа сотворены небеса, и духом уст Его — все воинство их»*. Слово Господа и Его Дух вместе дали жизнь всему творению. Когда мы соединяем Дух и Слово, тогда Он делает намного более того, о чем мы можем попросить и подумать.

Вот пример из Нового Завета. Порой я задаю людям такой вопрос: «Кроме событий из жизни Господа Иисуса, что вы считаете самым великим чудом в жизни отдельных людей?» Я получал самые разные ответы. Например, некоторые люди называли пережитое Лазарем, когда он был воскрешен после четырех дней нахождения в гробнице. Не буду спорить ни с одним из этих ответов, но лично я считаю величайшим чудом, которое только могло произойти в жизни простого человека, — когда Мария зачала в утробе и стала матерью Сына Божьего.

И как же это произошло? Когда она произнесла простые слова. Ангел сообщил Марии, что было запланировано Богом. Потом он объяснил, что сила Святого Духа осенит ее, и добавил: *«Ибо у Бога не останется бессильным никакое слово»* (Луки 1:37). Другой возможный перевод этих слов ангела звучит так: «потому что для Бога нет ничего невозможного».

Другими словами, каждое слово Бога содержит в себе силу для своего исполнения.

Мария приняла слово Божье, переданное ангелом. И после того, как она приняла слово, она приняла силу для его исполнения. Вот ее ответ, который является образцом молитвы для нас: *«Се, Раба Господня; да будет Мне по слову твоему»* (Лука 1:38). Эти слова ознаменовали приход величайшего чуда, в котором только мог принять участие человек.

Мы с вами тоже можем молиться на этом уровне. Если мы желаем великого, *«несравненно большего всего, чего мы просим, или о чем помышляем»*, то нам следует молиться согласно Слову Божьему.

Эти две молитвы Давида и Марии тесно связаны с пришествием Господа Иисуса. Давид был великим предком Господа Иисуса — тем, кому Бог пообещал, что его сын воссядет на престоле навеки. Обещание исполнилось благодаря рождению Иисуса, зачатого в утробе Марии. В каждом случае ключ к отвеченной молитве был одинаковым: «Боже, Ты сказал это; соверши же это».

Вы не сможете молиться более высокой или более эффективной молитвой, чем: будучи ведомым Духом, вы обращаетесь к Слову, находите обетование, которое относится к вам и к вашей ситуации, и произносите: «Господь, Ты сказал это; сделай же по Слову Твоему». Если вы поступаете так, приняв предыдущие условия для молитвы, то вы откроете секрет эффективной молитвы.

3
МОЛИТВА И ЦАРСТВО НА ЗЕМЛЕ

> *И смирится народ Мой, который именуется именем Моим, и будут молиться... то Я услышу с неба...*
>
> — *2 Пар. 7:14* —

Итак, мы заложили фундамент из трех важных и взаимосвязанных истин. Во-первых, мы выяснили, что Бог сделал нас Царством священников. Будучи ими, мы несем ответственность управления через молитву. Библия открывает, что этот мир, в действительности, управляется не президентами, королями и диктаторами. Это только внешне выглядит так, будто нити управления находятся в их руках. Люди, которые знают, как молиться, — вот кто действительно управляет миром.

Во-вторых, мы научились: чтобы быть эффективными и получать ответы, мы должны принять несколько условий приближения к Богу в молитве.

В-третьих, мы увидели, что частью этих условий является то, что Дух Божий и Слово Божье всегда действуют вместе. Сила Святого Духа действует через наши молитвы лишь настолько, насколько они находятся в согласии со Словом. Это означает, что для эффективной молитвы мы должны знать, что говорит Библия.

Позвольте взять все то, что мы уже выучили, и

приложить это к особому и очень важному примеру. Вот что Павел пишет в 1-м Тимофею 2:1-4:

Итак прежде всего прошу совершать молитвы, прошения, моления, благодарения за всех человеков, за царей и за всех начальствующих, дабы проводить нам жизнь тихую и безмятежную во всяком благочестии и чистоте, ибо это хорошо и угодно Спасителю нашему Богу, Который хочет, чтобы все люди спаслись и достигли познания истины.

Это одно из самых четко изложенных мест Писания, которые я знаю в Библии. Оно раскрывает несколько мыслей и называет нам здравые и логичные причины того, о чем говорится.

Павел пишет письмо Тимофею, давая наставления о порядке и проведении поместного собрания. Он говорит, что первейшей деятельностью собраний должны быть прошения, молитвы, ходатайства и благодарения. Если все это назвать одним словом, то это — молитва. Таким образом, молитва является первейшей деятельностью верующих, собравшихся вместе, когда они начинают служить Господу. Молитва является основанием для собрания.

Это согласуется с Книгой пророка Исаии 56:7, где Бог обращается к собранию верующих: «...*дом Мой назовется домом молитвы для всех народов*». Другими словами, в молитве должны быть не только мы, но молитве следует быть настолько же широкой в своем охвате, как широка любовь и милость Божья; это предложение Евангелия для всех.

Затем Павел определяет первую тему для молитвы. В конце первого стиха он говорит, что вообще молитвы должны быть за всех людей, но затем поясняет, за кого следует молиться в первую очередь. За кого из всех людей нам следует молиться прежде всего? За миссионеров? За евангелистов? За больных?

Нет. И вот где большинство христиан не следуют воле Божьей, открытой в Писании. Они не ставят на первое место то, что должно быть нашим приоритетом в молитве, согласно Божьему Слову.

Бог говорит, что, когда мы соединяемся в молитве в поместном собрании или где двое или трое собираются вместе, то первая молитва, которую Он ждёт, — это за царей и всех находящихся у власти. Если использовать современную терминологию — за правительство. Осознаёте ли вы, что ваша первейшая обязанность в молитве — молиться за правительство своей страны? Согласно моим наблюдениям, во многих церквях люди не вспоминают о том, чтобы помолиться об этом хотя бы раз в месяц. Однако Павел ставит это на первое место.

Что же мы просим Бога сделать для правительства и через правительство? — *«дабы проводить нам жизнь тихую и безмятежную во всяком благочестии и чистоте».* Давайте зададим себе этот простой вопрос: «Влияет ли наше правительство на то, как мы живём?» Явно, что мы испытываем его влияние во многих сферах нашей жизни. Поэтому, если мы желаем иметь хорошую жизнь, то, исходя хотя бы из личного интереса, нам следует молиться за наше правительство.

О чём мы просим, что наше правительство должно достичь? Чтобы оно могло создать такую ситуацию, при которой мы, находящиеся под его властью, могли бы проводить жизнь тихую и безмятежную во всяком благочестии и чистоте. Иначе говоря, мы молимся, чтобы правительство выполняло свою работу надлежащим образом. Или, ещё проще, мы молимся за хорошее правительство.

Сколько из вас может сказать, что мы ведём тихую и безмятежную жизнь? Несколько лет назад в Сан-Франциско, во время завтрака, я сидел рядом с двумя чиновниками, которые приехали из Гонконга. Мы немного пообщались, и я спросил их, как сегодня обстоят дела в Гонконге, ожидая услышать от них о коммунистическом давлении и т.д. Однако они сказали, что больше всего их впечатлило то, что женщина в Гонконге может без опаски идти по улице одна в час ночи. Надо сказать, что совсем не так обстоят дела в Сан-Франциско — в некоторых районах города опасно даже днем.

Мы знаем, что это правда. Сегодня в большинстве больших городов Америки женщина не может идти одна в полной безопасности и ни о чем не переживая. А во многих районах этого не может себе позволить и мужчина. Ведем ли мы жизнь тихую и безмятежную во всяком благочестии и чистоте?

При подготовке к принятию американского гражданства меня научили, что центром устройства американского общества является Конституция США. На основании того, чему учат соискателей американского гражданства, из Конституции и ее поправок, я пришел к такому выводу: основная цель Конституции США, как это было задумано основателями государства, заключалась в том, чтобы сотворить в этой стране такие условия, при которых ее граждане могли бы вести тихую и безмятежную жизнь во всяком благочестии и чистоте.

Полагаю, что эти слова как нельзя точнее выражают основную цель Конституции Америки. Если эта цель достигается, то, как я верю, мы можем сказать, что имеем хорошее правительство. Другими словами, функция хорошего правительства, согласно американским стандартам, состоит в том, чтобы обеспечить такие условия, такое состояние закона, порядка и управления, при которых каждый из нас мог бы исполнять свои повседневные обязанности и выполнять свое дело, проводя жизнь тихую и безмятежную во всяком благочестии и чистоте. Я убежден, что именно это отцы-основатели Америки восприняли как свою первостепенную задачу при разработке Конституции.

В третьем стихе читаем: «*...ибо это хорошо и угодно Спасителю нашему Богу*». В данном случае слово «это» относится к хорошему правительству. Хорошее правительство чрезвычайно важно. Это Божья воля.

Затем Павел объясняет основную причину, почему Богу нравится хорошее правительство, почему это является Его волей: «*...Который (Бог) хочет, чтобы все люди спаслись и достигли познания истины*». Как уже было отмечено выше, Божья милость и любовь простерты ко всему человечеству. Бог желает, чтобы все люди спаслись, но они не могут быть спасены без достижения познания истины. И они не могут достичь познания истины до тех пор, пока истина — истина Евангелия — не будет явлена им.

По этой очень простой и логичной причине Бог желает, чтобы истина Евангелия была провозглашена всем и повсюду. Все, что в таком случае надо сделать, это задать еще один вопрос: при каком правительстве легче проповедовать Евангелие: при плохом или при хорошем? Полагаю, ответ настолько очевиден, что не нуждается в долгих объяснениях. Плохое правительство препятствует проповеди Евангелия. Хорошее правительство способствует (что может выражаться по-разному) проповеди Евангелия. Итак, хорошее правительство — это открытая Писанием воля Божья.

Итак, что является нашим основанием для успешной молитвы, согласно нашему исследованию Библейского образца? Как Царство священников (или как царственное священство), мы осознаем, что несем ответственность через свои молитвы управлять миром для Бога. Мы ревностно желаем выполнить условия для приближения к Богу в молитве — мы приходим к Нему в благоговейном подчинении и смирении, в вере и в соответствии с другими требованиями. Затем мы исследуем Слово при водительстве Святого Духа и обнаруживаем, что хорошее правительство является волей Божьей. Следовательно, мы знаем, что если мы молимся за хорошее правительство, то Бог слышит нас. А если мы знаем, что Бог слышит нас, то получаем то, о чем просим.

Теперь давайте зайдем с другой стороны. Если наше правительство не является хорошим (и я говорю «если» — каждый из нас должен решить для себя, является ли наше правительство успешным, и согласно каким стандартам мы это решаем), то по какой причине? Если мы верим тому, чему учит Библия, то есть только две возможные причины.

Первая возможная причина — мы не молимся так, как должны были бы. Полагаю, что в Соединенных Штатах это относится к доброй половине людей, которые называют себя христианами. Они вообще никогда не молятся о своем правительстве с настоящим осознанием и участием. В ответ они лишь пожимают плечами и выдают горы недоброжелательной критики. Позвольте мне указать на то, что в Писании не дается право критиковать правительство, но там возлагается обязанность молиться за него.

Вторая возможная причина — мы молимся, но без знания воли Божьей. Когда мы молимся, зная Божью волю, только тогда мы можем сказать, что получаем то, о чем просим. В данном случае мы знаем, что хорошее правительство является волей Божьей, потому что оно способствует проповеди Евангелия, что является главнейшей задачей Божьей для этого мира.

Почему христиане находят таким трудным для понимания то, что очень многое зависит от наших молитв? Мы заняли такую позицию: это выходит за рамки нашего влияния; что мы ничего не можем поделать в отношении правительства, предубеждений, ненависти и всех язв общества, которые мы наблюдаем вокруг себя. Мы пожимаем плечами. Мы критикуем. Мы жалуемся и ропщем. Но мы не молимся. Вот почему мы видим повсеместное моральное и этическое разложение как в лидерстве, так и в национальной культуре. Мы не имеем понимания потрясающей силы молитвы, согласующейся с волей Божьей, открытой в Его Слове. По этой причине, мы не можем осуществлять правление в Божьем Царстве так, как Он того ожидает от нас.

ТРИ МЕТАФОРЫ ДЛЯ МОЛИТВЫ

Предположим, мы как христиане осознаем, что были неуспешны в оказании нашего потенциального хорошего влияния во всех аспектах своей жизни. Есть что-то, что мы можем сделать для исправления этой ситуации?

Мой ответ будет положительным. Библия содержит ясный и практичный ответ на этот вопрос, но, прежде чем мы обратимся к нему, давайте сначала рассмотрим всю полноту нашей, как христиан, ответственности оказывать исключительное и решающее влияние (это и есть управление) на общество, в котором мы живем.

Иисус дал нам руководство в Своей Нагорной проповеди. Он привел подряд три метафоры: Он сравнил нас с солью, со светом и с городом, стоящим на вершине горы. Вот что Он сказал (Матф. 5:13-14):

Вы — соль земли. Если же соль потеряет силу, то чем сделаешь ее соленою? Она уже ни к чему негодна, как разве выбросить ее вон на попрание людям. Вы — свет мира. Не может укрыться город, стоящий на верху горы.

Во-первых, мы, христиане, являемся городом, стоящим на вершине горы. Что это означает? Полагаю, что лучше всего это выразить так: хорошо видимый. Мы все время хорошо просматриваемся с любого ракурса. Мы всегда находимся под наблюдением. С того момента, как вы дали знать людям, что вы верите во Христа, что вы стараетесь следовать за Ним, что вы посещаете такую-то церковь, люди начинают особо пристально наблюдать за вами. Они анализируют вашу жизнь, ваше поведение, ваши действия.

Они размышляют: это по-настоящему или это просто религиозная ширма, за которой он прячется? Они не видят вас в церкви, но они будут видеть вас в повседневной жизни и на вашем рабочем месте. Иисус сказал, что все мы, кто исповедал свою веру в Него, все мы вместе настолько же хорошо видимы, как город, стоящий на вершине горы.

Во-вторых, Иисус сказал, что мы являемся светом миру. Существует один важный факт, касающийся света: он не имеет заменителей. Ничто другое не сможет заменить свет и выполнить его функции. Это истинно и по отношению к нам как последователям Христа — ничто не заменит нас; никто не сможет сделать нашу работу. Кроме того, свет является единственным ответом тьме. Как говорится: куда пришел свет, там исчезают проблемы с тьмой.

В-третьих, Иисус сравнил нас с солью земли. Соль хорошо знакома нам, и можно было бы много сказать о ней. Я отмечу только две главные функции соли: она придает вкус и сдерживает разложение.

Если пища невыразительна или безвкусна — допустим, вы кушаете яйцо — что вы делаете? Вы добавляете щепотку соли. Соль придает вкус тому, что без нее было бы безвкусным.

Если мы являемся солью земли, то мы подобны маленьким крупицам соли, которыми посыпана земная поверхность. Наша задача состоит в том, чтобы придавать земле вкус. Чтобы придавать вкус для кого? Для Бога. Наше присутствие здесь делает землю приемлемой для Бога в том смысле, что она была бы неприемлема для Него, если бы здесь не было нас — христиан, благочестиво живущих в Его благодати и любви, поклоняющихся и прославляющих Его, и молящихся согласно Его воле. Наше присутствие полностью меняет Его взгляд на эту землю. Полагаю, что земля поймет это, когда в один день Бог возьмет нас в момент великого события, известного как Восхищение, но этот день еще не наступил. До тех пор нашей задачей является быть солью.

Вторая функция соли заключается в том, чтобы удерживать разложение. До недавних пор, пока еще не было холодильников, люди консервировали мясо при помощи засолки. Так и нашей ответственностью является удержание разрушительных процессов гниения — морального разложения, социального развращения, политической коррупции — до тех пор, пока цели Божьей благодати и милости для этого мира не будут выполнены нами.

Теперь предположим, что мы не выполняем нашу функцию как соль — не придаем вкус и не удерживаем разложение. Послушайте, что сказал Иисус: *«Если соль теряет свою силу и не выполняет свою функцию, то она больше ни к чему не годна»*. Осознаете ли вы, что это касается нас? Если мы не выполняем то, что должны, то мы не годны больше ни к чему! Мы вправе ожидать, что будем *«выброшены вон на попрание людям»*. Как вы будете чувствовать себя, если это случится?

Видите ли, отрезвляет тот факт, что сегодня есть миллионы и миллионы людей по всему лицу земли, которые почли бы за честь потоптаться по христианам — может быть, особенно по американским христианам. Бог не собирается сходить с небес и попирать нас, но Он может отдать нас тем, кто ненавидит христианство и все, что с ним связано. И в тот момент самым горьким будет осознание того, что, мы заслужили это. «Иисус предупреждал нас. Мы не слушали. Он сказал, что если мы не будем служить в качестве соли, мы будем выброшены вон и потоптаны».

СРЕДСТВО ИСЦЕЛЕНИЯ

Как уже упомянул выше, я верю, что есть средство исцеления того, что мы не используем наш потенциал добродетели. Неделание добра, которое мы можем и призваны делать — это наш основной недостаток. Верю, что Бог, в Своей милости, предлагает нам способ изменить ситуацию к лучшему. Ключевой стих, который даст нам направление, хорошо нам знаком — это 2-я Паралипоменон 7:14:

> *...и смирится народ Мой, который именуется именем Моим, и будут молиться, и взыщут лица Моего, и обратятся от худых путей своих, то Я услышу с неба и прощу грехи их и исцелю землю их.*

Давайте подумаем немного — о ком это сказано? Бог говорит: «*...народ Мой, который именуется именем Моим*». К нам, христианам, это подходит в точности. Мы христиане потому, что именуемся именем Христа — Господа Иисуса. Мы — Его народ. В таком случае, Бог ожидает от нас выполнения четырех условий. Если мы выполним эти четыре требования, то Он совершит для нас три вещи.

Давайте начнем с трех пунктов, которые Бог обещает выполнить для нас. Вот первые два: «*Я услышу с неба и прощу их грех*». Бог не обещает слышать все молитвы, но Он говорит, что если мы примем и выполним Его условия, тогда Он услышит наши молитвы и простит наш грех. Обратите внимание — и следует подчеркнуть это — что Он говорит о грехе Своего народа. Нам необходимо понять это. Наши грехи стоят между нами и действием Божьим.

Третье, что Бог обещает сделать — *«исцелю землю их»*. Нуждается ли земля во многих частях мира в исцелении? Как гражданин США я могу сказать, что американский народ никогда за свою историю не нуждался в исцелении так остро, как сейчас. Божье обещание исцелить нашу страну — это точно обетование для нас сегодня. Но помните о том, что это обетование имеет условия.

Чего же Бог ожидает от нас? В первую очередь, смирения. Сказано: *«Бог гордым противится, а смиренным дает благодать»* (1-ое Петра 5:5). Мы можем начать молиться, но если мы молимся исходя из гордости, пренебрежения и самоправедности, то Бог не слышит наши молитвы — более того, Он нам противится. Но когда мы смиряем себя, тогда мы можем перейти ко второму Его требованию и действительно молиться.

Третий пункт — это поиск Его лица. Полагаю, что это означает нечто большее, чем, скажем, молитвенное собрание, которое начинается в 7:30 и должно закончиться ровно в 9:00. Поиск Его лица подразумевает, что мы молимся до тех пор, пока не убедимся, что мы встретились с Ним и что ответ на молитву уже в пути.

И четвертый пункт — мы должны обратиться от наших нечистых путей. Давайте признаем тот факт, что наши нечистые пути порождают проблемы на нашей земле. Наша молитвенная пассивность, недостаток свидетельства, отсутствие очевидной и явной для окружающих людей праведности, которая бросает вызов беззаконию и неверию — Бог возлагает ответственность за изменения на нас.

Итак, чтобы понять некоторые Библейские принципы, которым необходимо следовать, чтобы получить ответы на молитвы, мы рассмотрим различные виды молитв — например, такие как прошение и ходатайство. Мне нравится рассматривать различные виды молитвы как части прекрасной симфонии. Тема следующей главы: двенадцать видов молитвы, гармоничные пути работы этих принципов.

4
ДВЕНАДЦАТЬ РАЗНЫХ ВИДОВ МОЛИТВ

Истинно также говорю вам, что если двое из вас согласятся на земле просить о всяком деле, то, чего бы ни попросили, будет им от Отца Моего Небесного, ибо, где двое или трое собраны во имя Мое, там Я посреди них.

— Евангелие от Матфея 18:19-20 —

Это место Писания открывает нам важный принцип, на который опирается эффективная молитва. Я называю это «молитвенной симфонией (гармонией)», и я сознательно использую слово «симфония». Это музыкальный термин, который напрямую произошел от греческого слова «sumphoneo». Основное значение этого слова — «гармония».

Дословно оно означает следующее: *«быть ведомыми вместе»*. Когда мы говорим о водительстве в молитве, мы приходим к вопросу: быть водимыми кем? Ответ дан в Послании Римлянам 8:14: *«Ибо все, водимые Духом Божиим, суть сыны Божии»*.

Точно так же, как Дух Святой ведет нас к пониманию воли Божьей из Писания, так Он — уже на основании понимания воли Божьей — ведет нас в молитве к Богу.

Итак, Иисус сказал, что как только двое или трое будут ведомы Святым Духом в то место собрания, которым является имя Иисуса, они могут не сомневаться в Его присутствии там. Более того, если они придут в согласие — объединятся вместе в совершенной гармонии — тогда все, чего бы они ни попросили, будет сделано для них.

Обратите внимание, Иисус не сказал: «Когда два баптиста соберутся вместе, Я буду посреди них», — или: «Когда два католика, методиста или пятидесятника соберутся вместе, то Я буду посреди них». Многие люди неправильно применяют это место Писания. Они говорят о присутствии Иисуса на каком-то месте, когда, поверьте мне, Он очень далек оттуда. Он обещал быть с ними только тем, кто ведом Духом Святым к собранию во имя Его.

Кроме того, как я верю, Бог дает здесь новое видение совместной молитвы. Это может быть несколько людей, собранных в группу в одном месте — таким является наше традиционное понимание этого стиха. Но мы можем быть и далеко друг от друга физически и находиться в своих личных тайных молитвенных комнатах по многим местам, и все же наши молитвы звучат в Его присутствии как единый голос молящихся о воле Божьей во имя Его.

Я не являюсь профессиональным музыкантом, но мне известно, что для симфонии требуется несколько составляющих: для нее необходим дирижер, партитура и оркестр, т.е. музыканты с их инструментами.

В нашей симфонии молитвы дирижером является Святой Дух. Партитура — это воля Божья, открытая в Его Слове. Музыканты — это те, кто собраны вместе во имя Иисуса. Когда все это собрано вместе, Дух Святой взмахивает дирижерской палочкой Его власти и соединяет игру многих, самых разных, инструментов.

Мне бы хотелось, чтобы вы представляли себе молитву как занятие своего места в оркестре и игру на своем инструменте. Конечно же, вы не ограничены этим одним инструментом, но вы, скорее всего, имеете предрасположенность к какому-то одному. Инструменты такие: хвала, благодарение, поклонение, прошение, ходатайство, моление, повеление, связывание, посвящение, настойчивость, благословение и проклятие. Этот список далеко не исчерпывающий — есть и другие разновидности молитв. Но этого списка достаточно для того, чтобы нам было чем заняться! Эти инструменты помогут нам *«всякою молитвою и прошением молиться во всякое время духом»* (Ефес. 6:18).

ХВАЛА И БЛАГОДАРЕНИЕ

Мне всегда нравится начинать учение о молитве с темы хвалы и благодарения. Хвалой мы говорим Богу о том, Кто Он есть и что Он сделал вообще. Благодарением мы выражаем обильную признательность Богу за то, что Он сделал лично для нас. Но допустим, вы попали в непредвиденную ситуацию — ваш автомобиль понесло на впередистоящую машину — тогда у вас нет времени для длинных речей. Тем не менее, это хорошо — начать исследование разных видов молитвы именно с этих двух инструментов: хвалы и благодарения.

Псалом 47:2 говорит: *«Велик Господь и всехвален»*, — что дословно означает: *«Велик Господь, и таким же великим должно быть Его прославление»*. Речь идет о выражении вслух. Выражение хвалы должно соответствовать величию Божьему.

Он велик — в мудрости, в силе, в творении, в Его искупительном труде, в действиях с нами и в нашей жизни. Бог велик, и все, что Он делает, является великим. Поэтому Он должен быть подобающим образом прославлен. Прославление Господа никогда не будет пустой тратой времени. Большинство из нас делают это достаточно скудно.

Благодарение — это тоже нечто выраженное вслух. Оно связывает величие Божье с нашим конкретным случаем. Послушайте, что пишет Павел в Послании Филиппийцам 4:6: *«Не заботьтесь ни о чем, но всегда в молитве и прошении с благодарением открывайте свои желания пред Богом».*

Насколько я понимаю, благодарение и хвала дают нам прямой доступ к Богу. Вот известные слова из Псалма 99:4: *«Входите во врата Его со славословием, во дворы Его — с хвалою. Славьте Его, благословляйте имя Его».* Врата ведут во дворы, а дворы ведут в Его присутствие. Вы проходите через врата с благодарением и через дворы — с хвалой. И тогда вы оказываетесь у пункта назначения.

Без благодарения и хвалы мы будем подобны тем десяти прокаженным, которые издали взывали к Иисусу о милости (см. Луки 17:11-19). У Него была милость для них, но они не могли приблизиться к Нему. Множество — миллионы — христиан молятся так: «Господь, помоги. Мне нужны деньги. Мне необходимо исцеление». Но они взывают к Богу издали, потому что они не используют эти эффективные средства приближения к Богу.

В этой истории о прокаженных вы найдете, что один из них вернулся и воздал благодарность. Делая это, он имел прямой доступ к Иисусу. Библия говорит, что все десять получили исцеление, но только один был спасен. Воздавая благодарность, он получил не только физическую, но и духовную пользу.

Однажды в Иерусалиме я повстречался с одним старым христианином. Он был старейшиной во всех смыслах: он был также стар, как и я; а христианином он был даже дольше, чем я — очень уважаемый муж Божий. Я делился тем, чем только что поделился с вами, и думал, что это всем известно. Но он сказал: «Для меня это было просто как гром среди ясного неба, когда ты сказал, что вхождение в Божье присутствие происходит с хвалой и благодарением». Он был христианином на протяжении 50 лет и, видимо, никогда не понимал этого принципа.

Прекрасная фраза из Книги пророка Исаии дает нам другую картину вхождения в Божье присутствие. Это пророческое описание Града Божьего — места, где обитает Бог, дома народа Божьего. Описывая это прекрасное место, пророк говорит: *«...и будешь называть стены твои спасением и ворота твои — славою (хвалою)»* (Исаия 60:18).

Стенами этого города является Спасение. Это свидетельствует о Божьей помощи и защите для Его народа. Спасение — это слово включает в себя всякую помощь, всякое обеспечение и благословение, которые стали доступны нам благодаря смерти Иисуса на Кресте.

Город, стенами которого является спасение, также имеет ворота. Книга Откровение ясно говорит, что есть только один способ попасть в этот славный город — через ворота (см. Откр. 21:25-27; 22:14). Если мы желаем попасть в город Спасения, если мы желаем попасть в присутствие Божье, если мы желаем войти в наслаждение всяким Божьим обеспечением, Его защитой и благословениями, которые Он приготовил для Своего народа, мы войдем туда через ворота Хвалы.

Джон Уэсли написал в своем журнале следующее: «Я убежден, что Бог делает все по молитве, и ничего не делает без нее». Я могу сказать «аминь» на это. Павел сказал: *«Не заботьтесь ни о чем, но всегда в молитве и прошении... открывайте свои желания пред Богом»*, но при этом он уточнил: *«с благодарением»* (Филип. 4:6). Другими словами, когда вы приходите к Богу со своими просьбами, не забудьте начать с благодарения Его.

В Северной Ирландии есть город под названием Бангор, с которым мы с женой поддерживаем давние дружественные связи. В этом городе есть община монахов, которая на протяжении уже более 100 лет поддерживает непрерывное круглосуточное благодарение и прославление Бога — ежечасно, ежедневно, еженедельно, ежемесячно, ежегодно. Эти старые монахи очень стойкие. Если они чувствуют, что их клонит в сон за их занятием, то могут войти в реку и стоять там по горло в воде.

Если вы поедете туда, то почувствуете нечто необычное в этом городе. Он отличается от всех других городов. Бангор находится в ближайшем соседстве с другим городом, который называется Холивуд. Бангор, где не умолкает хвала, имеет богатую историю Божьих посещений (*сверхъестественных Божьих проявлений и особого влияния на население — примеч. ред.*). Практически примыкающий к нему Холивуд никогда до этих пор не переживал посещений Господа.

Кстати, Холивуд («священный лес») назван так потому, что на его территории находится роща, которая была священной для язычников друидов, которые поклонялись в ней. Пока не придет осознание причины, почему Дух Божий никогда не почивал на Холивуде, там ничего не произойдет. Когда придет понимание, что следует разрушить влияние этой сатанинской силы над ним, мы увидим высвобождение Божьего Духа в этом городе.

Итак, говоря проще, вы прославляете Бога за Его величие. Вы благодарите Бога за Его благость к вам, за все, что Он сделал для вас. Благодарение выполняет очень важную психологическую функцию. Оно укрепляет нашу веру. Чем больше мы благодарим

Бога за все, что Он сделал для нас, тем легче нам поверить, что Он сделает то, о чем мы Его будем просить после этого.

Наконец, быть благодарным — это благородно.

ПОКЛОНЕНИЕ

Среди современных христиан распространено смутное представление о поклонении. Поклонение — это не распевание гимнов и церковных песнопений. Поклонение — это не провозглашение того, каким является Бог. Хвала и благодарение, прежде всего, выражаются в том, что мы произносим, — во внешнем провозглашении; поклонение выражается в том, как мы себя ведем, — во внутреннем отношении.

Большинство слов, которые связаны с поклонением в Ветхом и Новом Завете, описывают, в первую очередь, положение тела. Разное положение тела описано разными словами. Одно говорит о склоненной голове. Другое подразумевает наклон вперед верхней части тела и простирание рук. Третье означает простереться на земле, лицом вниз, в присутствии объекта поклонения. Благодарение и прославление исходят из наших уст — они голосовые; поклонение — это положение (поза), которое выражает наше внутреннее состояние. Речь идет не о том, что поклонение не может сопровождаться словами; но это не поклонение, если оно не сопровождается соответствующим положением тела.

В шестой главе свой книги пророк Исаия описывает свое видение престола Божьего. Кроме всего прочего, он видел там серафимов (это огненные творения), которые окружали престол Божий. Он видел у каждого шесть крыльев и то, как они использовали их.

Одной парой крыльев серафимы покрывали свои лица; второй парой закрывали свои ноги; а благодаря третьей паре крыльев они летали. Из этой картины мы понимаем, что две пары крыльев даны для поклонения (которое выражается в покрытии лица и ног), а третья пара крыльев дана для служения (чтобы летать). Это говорит нам о том, что поклонение идет перед служением, и что поклонение в два раза важнее служения.

Поклонение — это, в определенном смысле, покрытие своего лица и тела. Это низкое склонение, преклонение головы. Конечно же, оно не заключается исключительно в положении тела; мы говорим о чем-то, что происходит в духе (настолько глубоко и сильно, что оно выражается в положении тела — *примеч. ред.*), мы говорим о приближении нашего духа к Богу. Иисус сказал: *«Но настанет время и настало уже, когда истинные поклонники будут поклоняться Отцу в духе и истине»* (Иоан. 4:23).

Это выражено в молитве «Отче наш». После того, как мы обращаемся к Богу, мы говорим: *«Да святится имя Твое»*. Твое имя свято. Просто произносить Твое имя — это уже привилегия. Мы делаем это с благоговением и почтением. Мы делаем это в смирении, склоняясь перед Тобой.

Итак, поклонение — это сердце, склоненное в присутствии Божьем.

ПРОШЕНИЕ

Прошение — это именно то, что многие люди подразумевают, когда говорят о молитве — просьба восполнить физические и материальные нужды, которые у них возникли. Но помните: молитва — это не просто понимание того, чего мы хотим и прошение этого. Молитва — это обнаружение Божьих намерений, которые Он открыл в Писании, а затем молитва об осуществлении этих целей.

Давайте снова обратимся к 1-му Иоанна 5:14-15:

> *И вот какое дерзновение мы имеем к Нему, что, когда просим чего по воле Его, Он слушает нас. А когда мы знаем, что Он слушает нас во всем, чего бы мы ни просили, — знаем и то, что получаем просимое от Него.*

Мы рассматривали этот стих во второй главе и убедились, что если мы просим чего-то согласно Его воле, то Он слышит нас. А если мы знаем, что Он слышит нас, тогда мы имеем то, о чем просим. Если вы совершаете прошение и молитесь в воле Божьей, после этого вам следует знать, что вы уже получили то, о чем просили.

Один из величайших секретов в получении ответов от Бога — это умение принимать. Многие люди просят, но так и не получают. Есть один старый христианский гимн: «На Кресте честь моя и слава. Когда молишься, то молишься ли ты с верой? Молишься ли ты так, как учит Библия: прося и принимая?»

Важно не только просить — важно просить и получать. Я наблюдал это много раз. Бог прикасался к кому-то исцеляющей силой, но человек не принимал этого. Один из признаков того, что люди не принимают ответ, — они продолжать молиться об этом. Некоторые приступают к молитве имея веру, но потом начинают молиться из неверия.

Другое место Писания говорит даже еще более выразительно. В Евангелии от Марка 11:24 записаны слова Иисуса именно о том, когда мы просим чего-то: *«Потому говорю вам: все, чего ни будете просить в молитве, верьте, что получите, — и будет вам».*

В некоторых переводах сказано *«верьте, что получите»* или *«что получаете»* — но это не точный перевод, по крайней мере, не дословный. В большинстве версий (в т. ч. в современных переводах на русский язык — *примеч. ред.*) был сделан более точный перевод: *«верьте, что вы уже получили это».* Когда вы получаете то, о чем молитесь? В тот момент, когда молитесь.

Однако обратите внимание: получение — это не то же самое, что обладание. Получение — это подтверждение адресата, а обладание — это уже практическое владение, которое следует за этим. Действительного обладания тем, о чем мы молимся, возможно, придется подождать. Но верой мы принимаем то, о чем просим, в тот момент, когда молимся об этом. Скажем, вы имеете оправданную финансовую нужду. Вы молитесь. Вы приходите в соприкосновение с Богом. Вы говорите: «Боже, нам необходима определенная сумма к четвергу». Затем вы говорите: «Благодарю Тебя, Боже». Вы приняли это. Ничего не поменялось в ваших обстоятельствах, но вы приняли это. Вы будете иметь это.

Я называю это промежуточное положение «оставаться подключенным». Позвольте привести вам пример. Во время нашей первой встречи с Руфью в Иерусалиме она явным образом хромала. Она упала со ступеней лестницы и серьезно повредила диск. Она проводила большую часть времени, лежа на постели, терпя постоянную боль. Вдобавок, она имела искривление позвоночника, и это искривление было именно в том месте, где находился поврежденный диск — это вдвойне усугубляло обе проблемы.

Господь наделил меня особой верой молиться за людей, у которых есть проблемы со спиной, поэтому у меня было чувство долга по отношению к ней. Надо сказать, что у меня не было времени для того, чтобы искать жену. И то, что я в результате этого получил жену, было настоящим сюрпризом!

Помолившись, я был немного расстроен тем, что не произошло никакого мгновенного и серьезного улучшения в состоянии Руфи. Но, благодарение Богу, она является женщиной веры. Я сказал ей, как говорил другим: «Сейчас вы подключились к Божьей сверхъестественной силе. Оставайтесь подключенной».

Как это сделать? В основном, при помощи благодарения. Если вы выразили свое прошение, например, о физическом исцелении, то затем говорите: «Благодарю, Господь! Ты коснулся меня! Твоя сила действует в моем теле!» Каждый раз, когда чувствуете приступы боли или видите симптомы, вы говорите: «Спасибо, Господь. Твоя сверхъестественная сила действует в моем теле», — и, когда вы реагируете таким образом, совершается исцеление.

Руфь имела веру и характер, чтобы продолжать «оставаться подключенной» и просто благодарить Бога за свое исцеление. Ее спина начала постепенно и понемногу исцеляться. В то же самое время она осознала, что никогда серьезно не задумывалась над тем, что значит заботиться о своем теле как о храме Святого Духа. Продолжая быть подключенной к сверхъестественной исцеляющей силе, она также начала заботиться о своем теле, дисциплинируя себя выполнением физических упражнений.

Достаточно много времени спустя — прошло несколько месяцев — она была на собрании, где на людей сошел дух торжества и радости. Руфь подхватилась и начала танцевать, и, когда она танцевала пред Господом, забыв о своем физическом состоянии, ее поврежденный диск мгновенно и полностью исцелился. Но, видите ли, она должна была все время быть подключенной.

Много лет прошло с тех пор — у нее нет повреждения диска, а ее спина прямая, несмотря на то, что она была искривлена с самого детства. Это подключение к Божьей воле — и необходимо быть подключенным, пока не осуществится ответ на ваше прошение.

Увидели ли вы, что в вопросе молитвы недостаточно просто иметь веру? Вам необходимы вера и терпение. Вспомните Авраама. Он не имел детей, но Бог пообещал ему великое множество потомков. Писание говорит: *«И так Авраам, долготерпев, получил обещанное»* (Евр. 6:15). Как долго он ждал? — 25 лет. Ему уже исполнилось 99 лет, когда он получил обещанного сына. Подумайте о бесконечном количестве раз, когда он за все эти долгие годы был искушаем сомнением — «отключиться» и махнуть на все рукой.

Евреям 10:36 говорит, что *«терпение нужно вам, чтобы, исполнив волю Божию, получить обещанное»*. В этом промежутке между исполнением воли Божьей и принятием обещанного вы можете сделать две вещи. Вы можете продолжать быть подключенным или сдаться и отключиться. Если вы отключитесь, то не получите ничего. Если вы останетесь подключенными, то получите все. Что проверяет Бог? Ваше терпение.

Есть нечто, что помогает нам в этом процессе пребывания подключенным — это обучение правильному исповеданию. В данном случае, исповедание — это смелое провозглашение своей веры своими устами. Я обнаружил, что существует несколько определенных способов выражения своей веры, которые имеют потрясающую силу. Они высвобождают силу Божью, а также ободряют и укрепляют нас. Очень часто, когда я молюсь по утрам или в конце дня, я делаю эти простые исповедания. Вот, например, скомпонованное провозглашение, относящееся к телу, которое я делаю несколько раз в неделю.

Мое тело является храмом Святого Духа — искупленным, очищенным и освященным кровью Иисуса. Мои члены являются орудиями праведности, подчиненными Богу для Его служения и для Его славы. Дьявол не имеет части во мне, ни власти надо мной, никаких нерешенных претензий ко мне.

Все это было совершено кровью Иисуса. Я побеждаю сатану кровью Агнца и словом свидетельства своего.

Второе провозглашение, которое является моим любимым, взято из 2 Коринфянам 2:14: *«Но благодарение Богу, Который всегда дает нам торжествовать во Христе и благоухание познания о Себе распространяет нами во всяком месте»*. Я восхищаюсь этой мыслью: если мы ходим в Христовой победе, то это источает аромат, который распространяется повсюду Духом Святым и благословляет тех, с кем мы общаемся.

Позвольте дать вам еще несколько примеров того, чего я придерживаюсь, когда прошу о чем-то Бога. Прежде всего, помните, что когда вы собираетесь просить у Бога о чем-то, всегда начинайте с искреннего благодарения. Никогда не начинайте с прошения. Затем, я никогда не использую прошение к Богу для указания на чьи-либо ошибки пред Ним. Порой мы видим в жизни какого-то человека что-то, что нуждается в корректировке. Мы свободны в том, чтобы молиться в позитивном ключе об этом исправлении. Но придерживайтесь такого принципа: никогда даже так не молитесь за этого человека, пока не найдете в его жизни или служении что-то, за что сможете поблагодарить Бога.

Предположим, я собираюсь попросить Бога об особом аспекте служения, в котором я участвую. Во-первых, я могу поблагодарить Бога за постоянное расширение нашего служения. Затем я могу поблагодарить Его за всех людей, которые принимают участие в нашем труде. Затем можно начать просить у Бога. Я могу попросить защиты и направления в постоянном расширении и увеличении радиослужения и для всех, от кого оно зависит. Затем я должен быть настойчивым в этой молитве, продолжая благодарить Его за то, что Он слышит эту молитву, и веря, что я получил это.

Или предположим, я молюсь за Израиль. Я могу начать с благодарения за Божью верность Его завету, который Он заключил с Израилем, и за то, что Он наблюдает за исполнением Своего слова. Затем я могу перейти к молитве прошения, прося Бога поднять лидерство в Израиле, которое было бы вдохновлено Библейской верой — лидерство, которое способно исцелить долговременное разделение и ввести Израиль в его наследие.

Молитва прошения является молитвой принятия, которая иногда требует терпения и стойкости для того, чтобы не сдаваться. Как мы увидим немного позже, она отличается от молитвы неотступности, которая продолжает стучать в дверь.

ХОДАТАЙСТВО

Ходатайство является одним из высших искусств в христианской жизни, одним из самых сложных инструментов в «оркестре». Оно требует богатого опыта, много практики, большого мастерства, значительной зрелости. *«Ходатайствовать»* буквально означает *«встать между»*. Ходатай — это тот, кто встает между Богом и теми, о ком он молится.

Библия дает нам некоторые очень яркие примеры. Однажды Авраам вступился пред Господом за развращенный город Содом. 18 глава книги Бытие повествует нам о том, что Господь и два Его ангела посетили дом Авраама — наглядная картина гостеприимства. Авраам предложил им воду для того, чтобы омыть ноги; он также заколол теленка и приготовил еду для их угощения; он стоял подле них и беседовал с ними, когда они принимали пищу в тени дерева.

Господь начал открывать Аврааму цель Своего пребывания здесь: Он собирался пойти в развращенные города Содом и Гоморру, чтобы лично исследовать ситуацию и предпринять соответствующие действия.

Это обеспокоило Авраама, потому что там жил его племянник Лот, который находился в состоянии отступника. Авраам знал, что если суд Божий падет на Содом, то семейство Лота разделит участь его жителей. *«И обратились мужи* (имеются в виду ангелы) *оттуда и пошли в Содом; Авраам же еще стоял пред лицем Господа»* (Бытие 18:22).

Вот положение ходатая. Авраам встал пред Господом и сказал: «Господь, подожди — не уходи пока. У меня есть нечто, что я хочу сказать Тебе».

В определенном смысле, Он задерживал Господа. И после этого Авраам начал «торг». Авраам спросил: «неужели Господь не пожалеет города, если найдет там 50 праведников?», затем — 40 праведников, и т.д. До тех пор, пока Господь не согласился пощадить Содом ради 10 праведников.

Это потрясающее откровение. Я попытался примерно высчитать население Содома тех дней. Не вдаваясь в подробности, скажу, что я пришел к выводу, что Содом был достаточно крупным городом с населением не менее 10 тысяч жителей. Я верю в это, и если эти подсчеты верны, то Бог сказал, что ради десяти праведников Он пощадит город с десятитысячным нечестивым населением.

Не надо быть математиком, чтобы вычислить соотношение: один к тысяче. Это очень интересная пропорция, которая часто наблюдается в Библии. В Книге Иова 33:23-24 сказано: *«Но если есть посланник на их стороне, заступник, один из тысячи, наставляющий смертных на прямой путь, Всевышний пожалеет его...»* (Среднеазиатский перевод, который совпадает с большинством английских переводов

— примеч. ред.). Екклесиаст 7:28: «*Я нашел одного праведного мужчину из тысячи...*» (там же). Похоже, что эта пропорция свидетельствует о человеке с особой праведностью.

В любом случае, мы знаем из этой истории, что Господь в итоге не нашел даже десяти праведных людей в этом городе, и «*пролил Господь на Содом и Гоморру дождем серу и огонь от Господа с неба*» (Бытие 19:24).

Другой Библейский пример особого ходатайства мы находим в случае, когда Моисей молился за Израиль, после того как народ сделал золотого тельца. В 32 главе книги Исход мы читаем, что Моисей поднялся на гору Синай для общения с Богом и принял Его завет. Поскольку он отсутствовал сорок дней, израильтяне сделали такое заключение: «Моисей пропал, и мы не знаем, что стало с ним. Нам нужен бог. Аарон, сделай нам бога». Тогда тот собрал и переплавил их золотые серьги, и сделал им литого тельца. Израильтяне начали танцевать вокруг него и поклоняться ему.

Моисей был на вершине горы, общаясь с Господом, когда Господь прервал их общение. Он сказал: «Моисей, тебе надо бы узнать, что происходит у подножья горы». Затем между Богом и Моисеем последовал диалог, настолько откровенный, что каждый раз, когда я читаю его, это вызывает у меня улыбку. Ни Бог, ни Моисей не хотели принять ответственность за Израиль. Каждая сторона в свою очередь перекладывала ответственность на другую. Исход 32:7-10:

> *И сказал Господь Моисею: поспеши сойти; ибо развратился народ твой, который ты вывел из земли Египетской; скоро уклонились они от пути, который Я заповедал им: сделали себе литого тельца и поклонились ему... И сказал Господь Моисею: Я вижу народ сей, и вот, народ он — жестоковыйный; итак*

оставь Меня, да воспламенится гнев Мой на них, и истреблю их, и произведу многочисленный народ от тебя.

Мне бы хотелось обратить ваше внимание на то, что Бог не хотел поступать так со Своим народом, пока Моисей не согласится на это. Он сказал: «Моисей, не препятствуй Мне разобраться с этим народом. Я могу истребить их, но при этом исполнить Мое обещание Аврааму, Исааку и Иакову. Я вновь произведу великий народ потомков Авраама через тебя».

Не польстило бы нам с вами такое предложение? Моисей мог сказать: «Да, Господь, уничтожь народ. В конце концов, они были только бременем для меня с того момента, как я вывел их из Египта. Начни новый народ с меня. Я буду великим основоположником великого народа». Но Моисей поступил не так. Исход 32:11:

Моисей стал умолять Господа, Бога Своего, и сказал: да не воспламеняется, Господи, гнев Твой на народ Твой, который Ты вывел из земли Египетской...

Другими словами: «Господь, это не мои, а Твои люди! Я не могу справиться с ними! Это Твое дело — разбираться с ними!»

Затем этот смиренный человек молитвы приступил к своему труду. Сначала он высказал то, о чем он заботился в первую очередь — это слава Бога. Он сказал, что, поскольку Бог вывел этот народ из Египта, египтяне могут говорить, что Он сделал это со злым умыслом против евреев. Затем он напомнил Богу о Его обетованиях и Его завете. Исход 32:13-14:

Вспомни Авраама, Исаака и Израиля, рабов Твоих, которым клялся Ты Собою, говоря: умножая умножу семя ваше, как звезды небес-

ные, и всю землю сию, о которой Я сказал, дам семени вашему, и будут владеть вечно. И отменил Господь зло, о котором сказал, что наведет его на народ Свой.

Удержав руку Господа, Моисей сошел к подножью горы, разобрался с народом и затем снова поднялся на гору. Исход 32:31-32:

И возвратился Моисей к Господу и сказал: о, народ сей сделал великий грех: сделал себе золотого бога; прости им грех их, а если нет, то изгладь и меня из книги Твоей, в которую Ты вписал.

Во всем этом мы видим сердце Моисея — сердце горячей молитвы, прошения и ходатайства: «Боже, эти люди тяжко согрешили. Они заслуживают Твоего гнева и истребления. Прошу Тебя помиловать их. Но если не так, Господи, то пусть Твой суд падет и на меня».

В Псалме 105:19-23 мы находим Божий комментарий этим событиям:

Сделали тельца у Хорива и поклонились истукану; и променяли славу свою на изображение вола, ядущего траву. Забыли Бога, Спасителя своего, совершившего великое в Египте, дивное в земле Хамовой, страшное у Чермного моря. И хотел истребить их, если бы Моисей, избранный Его, не стал пред Ним в расселине, чтобы отвратить ярость Его, да не погубит их.

Когда чей-то грех совершает пролом, ходатай становится в этой бреши пред Богом и говорит: «Господь, я встал в проломе. Твой поражающий удар не может пасть на них до тех пор, пока он не падет на меня». Немного позже мы увидим, как этот пример показывает также положение того, кто просит о милости.

Это не единственный вид ходатайства, но он является основным и высшим. Ходатай сосредоточен на Боге. Он не сосредоточен на проблеме. Он не сосредоточен на том, что может и чего не может сделать человек. Он имеет видение того, что может сделать Бог. Когда среди Божьего народа не находится ходатая, то это является главным свидетельством провала наших обязанностей по отношению к Богу и к окружающим нас людям.

Молитва Иова о своей семье является еще одним примером. Книга Иова 1:4-5:

Сыновья его сходились, делая пиры каждый в своем доме в свой день, и посылали и приглашали трех сестер своих есть и пить с ними. Когда круг пиршественных дней совершался, Иов посылал за ними и освящал их и, вставая рано утром, возносил всесожжения по числу всех их. Ибо говорил Иов: может быть, сыновья мои согрешили и похулили Бога в сердце своем. Так делал Иов во все такие дни.

Это — ходатайство. Насколько глубоко мы принимаем ответственность за грехи других людей? Наверное, человеческий ум не сможет в полноте дать ответ на этот вопрос. Но в некоторой мере мы можем взять на себя ответственность за грехи других людей, когда мы ходатайствуем. Именно это делал Иов для своих сыновей и дочерей. Он говорил: «Если они хоть как-то согрешили, то вот я приношу эту жертву». И он вставал рано утром, чтобы сделать это.

Когда речь идет о коллективном ходатайстве, мне представляются люди, которые собрались вместе для того, чтобы принести жертву за всю церковь, чтобы встать пред Богом как представители тела Христова и сказать: «Мы здесь за наше собрание. Господи, если кто-то согрешил, то мы приносим жертву. Если Ты, Господи, хочешь говорить к Телу, но не все здесь, —

то мы здесь».

Вы можете возразить, что Иов немногого добился своими жертвами, потому что все его сыновья и дочери умерли в один момент. Но мне хотелось бы показать нечто, что мне представляется чрезвычайно обнадеживающим — особенно для тех из вас, кто потерял близких и любимых. Если вы прочитаете до конца книгу Иова, то обнаружите, что, когда Иов прошел свое испытание, Бог дал ему двойное воздаяние во всем, что он имел до этого. Иова 42:12-13:

И благословил Бог последние дни Иова более, нежели прежние: у него было четырнадцать тысяч мелкого скота (до этого у него было 7.000), *шесть тысяч верблюдов* (до этого у него было 3.000), *тысяча пар волов* (до этого было 500) *и тысяча ослиц* (до этого было 500). *И было у него семь сыновей и три дочери.*

Все было удвоено в количестве, однако сыновей и дочерей стало столько же. Что же кроется за этим явным отличием? Иов не потерял своих предыдущих сыновей и дочерей; они просто ушли раньше него. Если вы когда-то потеряли близких или потеряете их, то просто помните об этом. Жертвы Иова за своих детей достигли цели. Бог не удвоил количество рожденных детей, потому что все дети Иова соберутся с ним в вечности.

Если вы молитесь о своей семье — и у большинства из нас есть необходимость ходатайствовать за кого-то из своей семьи — то пусть это ободрит вас. Вставайте рано утром и приносите соответствующие жертвы. Доверьте Богу результаты.

Когда я был спасен, то был единственным в нашей семье из всех моих родственников, которых я знал, кто был рожден свыше. Все они были хорошими и достойными людьми, но не такого рода. Я молился многие годы за своих родителей. Господь дал мне привилегию привести мою маму, страдающую от болезни Паркинсона, к Господу. Видимо, это была последняя возможность перед тем, как она утратила способность понимать происходящее и реагировать. Это было чудо, потому что, когда я попросил ее помолиться, она подняла свои руки вверх. Во-первых, по своему физическому состоянию она уже не могла поднимать руки. Во-вторых, она ни при каких обстоятельствах не поднимала своих рук вверх, уж вы мне поверьте.

Однажды, вскоре после того, как я был спасен, я лежал на кровати и просто начал петь и произносить слова нараспев на языках. У меня не было никакого представления, о чем я молюсь, но Господь дал мне истолкование. Моя молитва была такой: «Господь, спаси моего отца». Это было таким благословением для меня, потому что я даже не думал об отце в тот момент; я не осознавал этого. Я верю Господу в том, что Он спас моего отца. Если Он сделал это, в таком случае, это чудо! Мой отец был хорошим человеком, но он совсем не интересовался религией.

Позвольте привести вам еще один пример ходатайства. Он взят из Евангелия от Луки, где упомянута пророчица Анна, которую в действительности звали Ханна. Есть такая тенденция в переводах с еврейского на другие языки, убирать «х» из еврейских слов. Луки 2:36-38:

> *Тут была также Анна пророчица, дочь Фануилова, от колена Асирова, достигшая глубокой старости, прожив с мужем от девства своего семь лет, вдова лет восьмидесяти четырех, которая не отходила от храма, постом и молитвою служа Богу день и ночь. И она в то время* (когда Иисуса принесли в храм для представления Господу), *подойдя, славила Господа и говорила о Нем всем, ожидавшим избавления в Иерусалиме.*

Это стало очень наглядной картиной для меня. Эта пожилая драгоценная женщина не покидала храм ни днем, ни ночью. Большую часть времени она постилась. Кем она была? Она была ходатаем. Почему она была в храме, когда она могла молиться у себя дома? Она была предстоятелем своего народа. Она была там, молясь Богу за Израиль о спасении. Бог вознаградил эти многие годы молитвы, позволив ей увидеть и узнать Спасителя.

Это была своего рода скрытая жизнь — жизнь ходатая. Это жизнь по большей части скрытая от посторонних глаз. Но она руководима рукой Божьей.

Что скажете об этом? Согласны ли вы осознать ответственность предоставить себя Богу в качестве ходатая? Вот четыре качества, которые я нахожу в каждом Библейском ходатае. Полагаю, они очевидны.

Во-первых, ходатай должен иметь абсолютную уверенность в Божьей праведности, но также он должен быть полностью уверен в том, что Бог будет судить нечестивых. Здесь нет места разбавленной религии, которая считает, что Бог слишком добр, чтобы судить грех. Любой, кто думает так, не может быть ходатаем. Ходатай должен иметь кристально чистое видение абсолютной праведности и неизбежности Божьего суда.

Во-вторых, он должен иметь глубокую заботу о славе Божьей. Помните, что именно поэтому Моисей дважды отверг предложение быть родоначальником величайшего народа на земле. Он сказал: «Боже, это не послужит к Твоей славе. Что тогда египтяне скажут о Тебе?»

В-третьих, я верю, что такой человек должен иметь близкое знакомство с Богом. Ходатай — это тот, кто может стать пред Богом и обращаться к Нему с предельной честностью — при этом, проявляя почтение.

Наконец, чтобы быть ходатаем, необходимо иметь святое дерзновение. Ты должен быть согласен подвергать свою жизнь риску. Аарон был такого рода ходатаем, когда он взял кадильницу и встал между поражением, посланным Господом, и народом, на которое оно должно было пасть (см. Числа 16:42-48). Как ходатай вы говорите: «Возможно, я рискую жизнью, но я должен встать сюда».

МОЛЕНИЕ

Следующим инструментом в молитвенном оркестре является моление. Для некоторых людей слово *«моление»* является сложным для понимания. Когда вы делаете моление или являетесь молящим, то единственное, что вы просите, — это милость. Зачастую мы просим о милости не для себя самих, поэтому моление зачастую связано с ходатайством.

Давайте рассмотрим два места из Библии, которые описывают это. В Книге Захарии 12:10 мы находим пророчество, обращенное к Израилю. Там Сам Господь говорит следующее: *«А на дом Давида и на жителей Иерусалима изолью дух благодати и умиления...»* (в других переводах сказано о благодати и молитве прошения милости — *примеч. ред.*).

Обратите внимание на порядок: сначала — благодать (милость), а затем — прошение. Если вы говорите: «Боже, я хочу прийти к Тебе с прошением», — то Бог скажет: «Если я не дарую благодать, ты не сможешь сделать это». На самом деле невозможно предложить Богу сколько-нибудь ценную молитву без Его благодати. Она не имеет ценности, если не исходит из благодати Божьей.

Оставшаяся часть этого стиха говорит: *«...и они воззрят на Него* (буквально: «на Меня» — *примеч. ред.*), *Которого пронзили, и будут рыдать о Нем, как рыдают об единородном сыне, и скорбеть, как скорбят о первенце».*

Этот стих описывает поворотный момент в труде Божьем над Израилем. Это тот момент, когда они придут к покаянию и признанию Мессии, и это будет произведено Духом благодати и прошения.

Бог настолько логичен! Видите ли, когда Отец послал Иисуса к Израилю, то Израиль как народ отверг Его. Тем не менее, Бог не отверг Своего народа и послал им Святого Духа. После того, как они отвергли Духа, то что еще можно было сделать? Это было окончательное противление Богу. Иисус сказал: *«Всякий грех и хула простятся человекам, а хула на Духа не простится человекам»* (Матф. 12:31).

Я упомянул это потому, что мы наблюдаем, как ситуация в Израиле начинает меняться. Идет процесс восстановления, который подразумевает возвращение к первоначальному устройству. Многие христиане считают, что евреи в первую очередь обратятся к Иисусу. О, нет! Сначала они будут движимы Святым Духом, и Святой Дух откроет им Иисуса. Этот процесс уже начался. На самом деле немного забавно наблюдать за этим, потому что Бог дает им, пробирающимся наощупь, неожиданные открытия! Мне довелось беседовать со многими евреями, которые оказались в этой ситуации. Требуется определенная мера мудрости для того, чтобы знать, в какой момент остановить разговор и доверить Святому Духу закончить это.

Четвертая глава Послания Евреям дает нам другое прекрасное описание прошения, которое мы уже рассматривали. Это послание, как мы понимаем из самого названия, написано уверовавшим евреям. *«Посему да приступаем с дерзновением к престолу благодати, чтобы получить милость и обрести благодать для благовременной помощи»* (Евр. 4:16).

Бог восседает на Престоле, и это Престол благодати. Для чего мы приходим туда? Чтобы получить милость и обрести благодать во время нужды. Если вы чувствуете, что какая-то серьезная ситуация захватывает и грозит опрокинуть вас, и кажется, что уже ничего нельзя поделать, то послушайте, что говорит Бог: «Время нужды — это время прийти ко Мне».

Я убежден, что единственные люди, которые не смогли получить милость и благодать — это люди, которые не пришли к престолу. Мы не видим своей собственной нужды. Мы ослеплены самоправедностью и религиозностью, и если надеемся заслужить Божью милость, значит, мы не нуждаемся в ней. Но когда мы приходим, то получаем.

ПОВЕЛЕНИЕ

Инструмент власти переводит нас в другую сферу — провозглашение с агрессией и властью.

Нам стоит начать изучение этого вида молитвы с десятой главы Книги Иисуса Навина. Там мы находим описание событий, которые происходили посреди битвы. В тот момент израильтяне побеждали своих врагов. Но наступали сумерки, и в темноте они не смогли бы нанести врагу окончательный разгром. Иисуса Навина 10:12-14:

Иисус воззвал к Господу (обратите внимание, что он начал с того, что обратился к Господу) *в тот день, в который предал Господь Аморрея в руки Израилю, когда побил их в Гаваоне, и они побиты были пред лицем сынов Израилевых, и сказал пред Израильтянами: стой, солнце, над Гаваоном, и луна, над долиною Аиалонскою! И остановилось солнце, и луна стояла, доколе народ мстил врагам своим. Не это ли написано в книге Праведного: «стояло солнце среди неба и не спешило к западу почти целый день»? И не было такого дня ни прежде ни после того, в который Господь так слушал бы гласа человеческого. Ибо Господь сражался за Израиля.*

Это обращенная к Господу молитва повеления. Мы можем повелевать ситуациям и обстоятельствам — но не получим результата до тех пор, пока, во-первых, не соприкоснемся с Господом и, во-вторых, не получим помазания для высвобождения такой молитвы.

Примером такой молитвы в Новом Завете является случай со смоковницей, которую проклял Иисус. Описание этой истории мы находим в двух Евангелиях. Вот первое описание, Матфея 21:18-22:

Поутру же, возвращаясь в город, взалкал; и увидев при дороге одну смоковницу, подошел к ней и, ничего не найдя на ней, кроме одних листьев, говорит ей: да не будет же впредь от тебя плода вовек. И смоковница тотчас засохла (в Евангелии от Марка написано, что они обнаружили результат на следующее утро). *Увидев это, ученики удивились и говорили: как это тотчас засохла смоковница? Иисус же сказал им в ответ: истинно говорю вам, если будете иметь веру и не усомнитесь, не только сделаете то, что сделано со смоковницею, но если и горе сей скажете: поднимись и ввергнись в море, — будет; и все, чего ни попросите в молитве с верою, получите.*

Обратите внимание, что здесь можно увидеть два направления. Одно направление по отношению к вещественному миру от лица Бога. Второе направление по отношению к Богу от лица вещественного мира. Иисус не молился о смоковнице. Он также не молился смоковнице, что было бы идолопоклонством. Он обращался к смоковнице от лица Бога. Это была не молитва. Он просто сказал смоковнице, что делать, и смоковница повиновалась этому.

Будучи ведомыми Святым Духом, мы также можем говорить от лица Бога (как Иисус сделал это по отношению к смоковнице) или говорить к Богу от лица этого мира, что обычно и называется молитвой.

Тот же самый случай описан в Евангелии от Марка 11:20-23, но в этом описании дана еще одна истина, открываемая Иисусом, которая в действительности является ключом к пониманию.

Поутру, проходя мимо, увидели, что смоковница засохла до корня. И, вспомнив, Петр говорит Ему: Равви! посмотри, смоковница, которую Ты проклял, засохла. Иисус, отвечая, говорит им: имейте веру Божию...

Буквально здесь сказано так: *«имейте веру Бога»*. Молитва повеления — это Божья вера, которая выражается в повелении; поэтому эти слова имеют такую же власть, как если бы Сам Бог произнес их. В определенном смысле, поскольку эти слова были наполнены и вдохновлены Духом Божьим, то это богодухновенное повеление.

Писание утверждает, что и сегодня это слово повеления действует и доступно для нас. Иакова 5:16-18:

Признавайтесь друг пред другом в проступках и молитесь друг за друга, чтобы исцелиться: много может усиленная молитва праведного. Илия был человек, подобный нам, и молитвою помолился, чтобы не было дождя: и не было дождя на землю три года и шесть месяцев. И опять помолился: и небо дало дождь, и земля произрастила плод свой.

Другими словами, благодаря горячей молитве мы с вами можем делать то же самое. Та же самая сила доступна и нам.

Приведу вам два современных примера. Возможно, вы никогда не слышали о брате Ховарде Картере. Его история переносит нас в ранний период пятидесятнического движения в Британии. Он был организатором и основателем первой пятидесятнической Библейской школы в Лондоне.

Во время Первой Мировой войны Ховард отказался от службы в армии по причине своих убеждений и поэтому оказался в тюрьме. Его тюремная камера была сырой и влажной. Однажды он лежал на своей койке, и вдруг с потолка прямо на него устремилась струйка воды. Он поднял свою руку и, указывая пальцем на эту струю, сказал: «Я приказываю тебе обратиться вспять, во имя Иисуса». И вода повиновалась.

Вот другая история. Однажды в Замбии одна африканская девочка-подросток ехала на велосипеде туда, где должно было проходить собрание. В Замбии есть огромные муравейники — до семи-восьми метров в высоту — и часто в них поселяются змеи. Когда девочка подъехала к муравейнику, то ей наперерез из своей норы выскользнула большая черная кобра. Дрожа всем телом, девочка успела остановиться. Но затем Дух Божий сошел на нее и она сказала: «Во имя Господа Иисуса Христа, возвращайся в свою нору».

Кобра остановилась и повернула свою голову к норе, но осталась на месте. Тогда девочка еще раз сказала ей: «Нет, я сказала, возвращайся в нору». Тогда кобра развернулась и уползла назад. Когда девочка приехала в собрание, ее все еще трясло. В этом поведении Божья сила совершилась (пришла в совершенство) в немощи (см. 2 Кор. 12:9).

Данный инструмент молитвы, в частности, очень уместен тогда, когда мы следуем повелению Иисуса изгонять бесов (см. Марка 16:17).

ПЕРЕДАЧА

Следующий инструмент — это молитва передачи, которая очень важна для понимания. Как и с молитвой прошения, порой одним из способов молиться о чем-то является прекращение молитвы об этом.

Вот молитва передачи: Псалом 30:6: *«В Твою руку предаю дух мой; Ты избавлял меня, Господи, Боже истины»*. Как вы помните, первая половина этого стиха была процитирована Иисусом, когда Он висел на кресте.

Есть времена, когда нашим лучшим решением было бы передать нашу ситуацию Господу и просто убрать руки. Помню, как я в первый раз проповедовал в Дании. Это был 1947 год, и я был там один. Моя первая жена Лидия тогда осталась в Иерусалиме. Меня представляли везде как ее мужа, и поскольку она пользовалась определенным уважением и имела впечатляющее свидетельство рождения свыше, то важно отметить, что из-за нее датчане воспринимали меня хорошо.

Когда я встретился с тем, кто будет переводить меня на датский язык, то обнаружил, что он с трудом понимает лишь половину из того, что я говорю ему. Я не понимал, как можно было исправить эту, казалось бы, безнадежную ситуацию. Ко мне подступило отчаянье, и я воскликнул: «Господи, в Твои руки предаю себя».

Не знаю, как так получилось, но у нас было потрясающее собрание. Я так и не узнал, переводил ли он то, что я говорил, или говорил то, что сам хотел сказать, но результаты были прекрасными. Я просто убрал свои руки с этой ситуации и доверил ее Богу. Это было правильное решение. И что еще я мог сделать?

Есть известное место Писания, которое дает нам это ободрение. Псалом 36:5: *«Предай Господу путь твой и уповай на Него, и Он совершит».* Текст оригинала говорит буквально следующее: *«Отпусти* (спусти вниз) *свой путь Богу».* Это стало очень наглядным для меня, когда я обучал студентов в Восточной Африке. Время от времени у нас заканчивался рис, и нам не из чего было готовить обеды. Тогда я отправлялся в районный центр на своем маленьком грузовичке, чтобы купить два мешка риса. Каждый из них, насколько я помню, весил ровно 220 фунтов (около 100 кг).

Одно из предубеждений, с которым приходилось бороться в нашей школе в Африке, было таким: как только молодые люди становились образованными, то считалось унизительным для них выполнять физическую работу. Мне хотелось показать им, что это не так. Поэтому я подъезжал к кухне с этими мешками риса, брал один мешок риса на спину и переносил его на кухню. Надо заметить, что легче что-то тяжелое взять на себя, чем снять. Я научился секрету: следует спускать этот мешок с себя, позволяя ему скользить.

Именно об этом Господь говорит в этом стихе. Когда ваш груз становится слишком тяжелым для вас и вы больше не справляетесь с ним, просто передайте его Господу, и Он понесет его. Передача — это единократное действие. И когда вы совершили его, вам не следует возвращаться и следить, работает ли это. Вы доверяете. Это подобно передаче денег банку и оформлению депозита. Когда вы получили расписку, то не думаете, что следует вернуться через полчаса и осведомиться, помнит ли банк о том, что делать с вашими деньгами. Вы поручили это банку. Если вы посвятили что-то Господу, оставьте это.

Помню, как много лет назад маленький шестилетний мальчик, мой двоюродный брат, посадил несколько картофелин в землю. Ему так хотелось увидеть, растет ли его картофель, что он постоянно возвращался и откапывал его. Так он и не смог вырастить ни одного куста. Многие христиане похожи на него. Они сажают свой картофель, а потом выкапывают его, чтобы посмотреть, выросло что-нибудь или нет. Если уж вы доверили, то после этого продолжайте доверять. И когда вы что-то доверяете, Бог позаботится об этом.

ПОСВЯЩЕНИЕ

Следующий молитвенный инструмент — это посвящение. Это похоже на молитву передачи. В обоих случаях мы передаем объект нашей молитвы Господу. Но в молитве посвящения мы предаем Господу самих себя. В молитве посвящения мы отделяем самих себя, избирая сосредоточить или посвятить самих себя для определенного труда или призвания, которые Бог открывает в нашей жизни.

Мы находим пример этому в Евангелии от Иоанна 17:19. Это часть молитвы Иисуса, которую мы называем Первосвященнической молитвой Иисуса. Он говорил о Своих отношениях со Своими учениками и Отцом. Он молился так: *«И за них Я посвящаю Себя, чтобы и они были освящены истиною»*. Подобно Иисусу, когда мы принимаем решение отделить себя для Бога, тогда мы принадлежим Богу. Мы находимся в Его руках, и нам непозволительно делать ничего по своему усмотрению.

В Евангелии от Иоанна 10:36 записаны слова Иисуса о том, что Отец освятил Его и послал Его в мир. Как Отец освятил Иисуса? Конечно же, речь идет не о том, что Отец сделал Его святым, потому что Он уже был святым. Скорее, Он отделил Его на труд, который никто другой не мог выполнить. Таким образом, в этот момент Иисус говорит: «Я освящаюсь. Я отделяю Себя для труда, для которого Бог уже отделил Меня».

В освящении инициатива всегда принадлежит Богу. Вы не можете посвятить себя чему-то, для чего Бог не освятил вас. Вам следует найти, для чего Бог освящает вас, и затем отделить себя для исполнения этого, отвечая Ему решением своей воли. Удивительно то, что многие рожденные свыше христиане так и не находят этого. Бог отделил нас, но это не станет действенным до тех пор, пока мы сами не посвятим себя этому.

Вас не принуждают — это добровольное действие. Но помните, что Библия не дает вам разрешение дать обет, а потом забрать его назад.

НЕОТСТУПНОСТЬ

Иисус учил Своих учеников использовать молитвенный инструмент постоянства. Евангелие от Луки 11:5-10:

И сказал им: положим, что кто-нибудь из вас, имея друга, придет к нему в полночь и скажет ему: друг! дай мне взаймы три хлеба, ибо друг мой с дороги зашел ко мне, и мне нечего предложить ему; а тот изнутри скажет ему в ответ: не беспокой меня, двери уже заперты, и дети мои со мною на постели; не могу встать и дать тебе. Если, говорю вам, он не встанет и не даст ему по дружбе с ним, то по неотступности его, встав, даст ему, сколько просит.

Другими словами, вы продолжаете стучать, давая понять своему другу, что он не уснет этой ночью до тех пор, пока не поднимется и не даст вам хлеб.

Иисус прокомментировал такого рода настойчивость так:

И Я скажу вам: просите (буквально: *«продолжайте просить»), и дано будет вам; ищите («продолжайте искать»), и найдете; стучите («продолжайте стучать»), и отворят вам, ибо всякий просящий получает, и ищущий находит, и стучащему отворят.*

Такого рода молитва отличается от молитвы прошения, которая принимает просимое как уже полученное, хотя некоторое время требуется быть «подключенным». В том случае вы молитесь; вы получаете; вы говорите: «Спасибо Тебе, Господь». Вот и все. В данном случае, в молитве настойчивости вы стучите и стучите, продолжая просить того, что вы желаете до тех пор, пока не откроется дверь.

Я был знаком с южноафриканской миссионеркой, которая хотела поехать в Мозамбик для того, чтобы открыть там протестантскую миссию. В то время Мозамбик находился под властью католической Португалии. Она поехала к консулу и попросила разрешения. Ей отказали. Она поехала снова. Ей снова отказали. Она поехала опять. Ей опять отказали. Знаете, сколько раз она ездила туда? Тридцать три раза. И на тридцать третий раз ей дали разрешение. Вот это — просить и продолжать просить!

Двенадцатая глава книги Деяния дает нам пример настойчивой молитвы Ранней Церкви. Царь Ирод приказал схватить апостола Иакова, брата Иоанна, и казнил его. После этого он решил заняться Петром, приказал арестовать Петра и казнить сразу после Пасхи. В тот момент церковь в Иерусалиме посвятила себя ревностной, настойчивой молитве за Петра. Иногда Бог не действует по молитве лишь одного человека. Порой необходима общая молитва группы посвященных верующих, которые молятся вместе.

«Итак Петра стерегли в темнице, между тем церковь прилежно молилась о нем Богу» (Деян.

12:5). Обратите внимание на это *«между тем»* (в англ.: *«но»* — *примеч. переводчика*). Это «но» изменило ход событий. Объединенная совместная молитва Церкви открыла двери для вмешательства ангела, который был послан от Бога и освободил Петра из темницы.

В данном случае молитва Церкви о Петре получила ответ, но окончательный Божий приговор царю Ироду был отложен.

В заключительных стихах этой главы книги Деяния, написанной Лукой, мы находим Ирода, облаченным в свои царские одеяния, держащим речь к народу Тира и Сидона. В конце его выступления народ рукоплещет ему, восклицая: *«Это голос Бога, а не человека»* (ст. 22). Раздувшись от собственного величия, Ирод принимает эту хвалу. Дальнейший текст повествует нам, что сразу же за этим ангел Господень поразил Ирода, потому что он не воздал славу Богу. *«И он, быв изъеден червями, умер»* (ст. 23).

Мы снова видим результат настойчивой молитвы Церкви. Все, противящееся слову и целям Божьим было опрокинуто, и царь Ирод умер жалкой, мучительной и позорной смертью. Обратите внимание, что жизнь Ирода была прервана вмешательством ангела. Что призвало двойное вмешательство ангела в эту историю? Молитва Церкви.

Поэтому мы спрашиваем себя во свете всего этого: кто тогда правил — Ирод или Церковь? Ответ: Ирод сидел на троне, но Церковь правила, в данном случае, через настойчивую молитву.

Если вы действительно верите, то вы получите, и вас ничто не остановит. Единственный способ потерять — это сдаться.

Поскольку исцеление нередко содержится в настойчивых молитвах (как и в прошениях), то я хочу упомянуть здесь о разнице между чудотворением и исцелением, потому что они отличаются друг от друга. Чудеса находятся на уровень выше исцеления.

Вот пример того, что не один раз происходило в моем служении. Если человек имеет заболевание, которое называется отитом (воспалением) среднего уха, то вы можете молиться об этом, и человек может исцелиться. Но если у человека среднее ухо было удалено хирургическим путем, то среднее ухо не может исцелиться, потому что его там нет. Однако чудо может воссоздать среднее ухо.

Я помню два разных случая, когда это произошло. Однажды один человек подошел ко мне и сказал: «Помолитесь за мое ухо». Хорошо, что я не спросил его, что с его ухом. Мы помолились, и он вернулся через несколько дней и сказал: «Я получил исцеление». Я спросил: «Не могли бы Вы рассказать подробнее о Вашем исцелении?» Он сказал: «У меня не было среднего уха, а теперь оно появилось. Я пошел к врачу, он проверил и подтвердил, что у меня оно есть». Это было чудо. Оно идет дальше исцеления.

Разница между ними состоит еще и в следующем: чудо очень часто происходит мгновенно и часто видимым образом, в то время как исцеление зачастую происходит невидимо и постепенно. Некоторые люди приходят за исцелением, и когда они не получают чуда, они думают, что ничего не произошло. Но, возможно, после молитвы был готов начаться и даже уже начался процесс исцеления, но они прервали его своим неверием. Очень важно понять это, потому что, когда вы принимаете исцеление, многое зависит от вашей реакции на это.

Предположим, вы пришли за молитвой и Бог коснулся вас, но вы не получили полное исцеление. Если вы уходите со словами: «Ничего не вышло»,— то тем самым вы только закрепляете то, что ничего больше не произойдет.

Очень часто чудеса высвобождаются простым действием веры. Если вы хотите изучить жизнь человека, который сотворил много чудес, то посмотрите на пророка Елисея. Практически все его чудеса были высвобождены в результате действий веры, которые со стороны выглядели глуповато. Например, возле города Иерихон был источник, вода которого была непригодной для питья. Елисей взял чашку соли, высыпал ее в воду и сказал: «Так говорит Господь: «Я исцеляю эту воду»». Всем известно, что соль не исцеляет воду. Но и сегодня, более двух тысячелетий спустя, вы можете поехать туда и убедится, что вода того источника здорова. Соль не исцеляет воду, но небольшой акт веры высвободил там Божью исцеляющую силу (см. 4 Цар. 2:19-22).

БЛАГОСЛОВЕНИЕ

Двумя последними видами молитвы в нашей симфонии являются благословение и проклятье. Вот Библейский пример молитвы благословения, который скорее всего знаком вам. Числа 6:23-26:

Скажи Аарону и сынам его: так благословляйте сынов Израилевых, говоря им: «да благословит тебя Господь и сохранит тебя! да призрит на тебя Господь светлым лицем Своим и помилует тебя! да обратит Господь лице Свое на тебя и даст тебе мир!»

Здесь есть шесть благословений, о которых вы можете молиться, для тех, кого вы желаете благословить: (1) Господь благословит тебя, (2) сохранит тебя, (3) воссияет над тобой Своим лицом, (4) будет милостив к тебе, (5) окажет Свою поддержку тебе, (6) даст тебе мир.

Но шесть благословений — это еще не полнота, потому что Библейское число совершенства — это семь. Должно быть еще одно. И Бог показал мне следующий, 27 стих: *«Так пусть призывают имя Мое на сынов Израилевых, и Я благословлю их»*. Это седьмое благословение. Наречение Его имени на них делает их совершенными.

Родители, это то, как вы можете благословлять своих детей — вы можете призывать имя Господне на них каждый день, когда они идут в школу или занимаются чем-то другим, и Он сохранит их. Какая привилегия быть способным благословлять!

ПРОКЛЯТИЕ

Обратной стороной благословения является проклятье. Большинство христиан не осознают, что нам дана власть проклинать. Но позвольте с самого начала сказать, что у нас нет права приносить разрушение повсюду, куда нам заблагорассудится.

Давайте обратимся к истории, записанной в 21 главе Евангелия от Матфея, где Иисус проходил мимо смоковницы, на которой не было плодов, а только листья. Сегодня мы видим множество планов и программ и т.п., которые выглядят так, как будто они плодоносят, но если раздвинуть листву и приглядеться поближе, то там нет никакого плода. Иисус не был безразличным к такому положению вещей. Он не сказал: «Ничего не поделаешь, оказалось, что здесь ничего нет», — но: *«Да не будет же впредь от тебя плода вовек»*. На следующее утро Иисус с учениками снова проходил мимо этой смоковницы, и они обратили внимание, что она засохла до корня. Ученики были очень впечатлены этим, и вот что Иисус сказал им (стих 21):

> *Иисус же сказал им в ответ: истинно говорю вам, если будете иметь веру и не усомнитесь, не только сделаете то, что сделано со смо-*

ковницею, но если и горе сей скажете: поднимись и ввергнись в море, — будет...

Все фокусируются на перемещении горы, но Иисус сказал, что мы также можем делать то, что было сделано со смоковницей: она была проклята.

В конце 1960-х годов я был служителем в одной из церквей в Чикаго. Здание нашей церкви располагалось стена к стене с питейным заведением. Этот магазин был очень нечестивым местом — он был, помимо рассадника алкоголизма, еще и центром наркомании и проституции.

Однажды вечером у нас было молитвенное собрание, и я находился на сцене. Что-то снизошло на меня, и я встал и сказал: «Господь, я проклинаю этот винный магазин во имя Иисуса». И затем я забыл об этом.

Это было в октябре. Незадолго до рождественских праздников у нас дома в четыре часа утра раздался звонок. Звонила одна дорогая сестра из нашей общины: «Брат Принс, горит наша церковь!» Тогда температура на улице была порядка двадцати градусов ниже нуля. Должен сказать, что мы с Лидией не имели большого желания выходить на улицу! Довольно неохотно мы выбрались из постели, сели в машину и поехали на место происшествия.

Пламя пожара было видно издали за три квартала. Однако когда мы добрались туда, то обнаружили, что горит не церковь, а винный магазин. Тем не менее, церковь не была в безопасности: ветер с озера Мичиган (Чикаго расположен на берегу этого большого озера, а зимой ветер дует с крупного водоема в сторону берега — *примеч. ред.*) раздувал пламя прямо на церковь. Но, когда мы стояли там, дрожа всем телом от холодного пронизывающего ветра, он вдруг изменил направление на 180 градусов и начал относить пламя от здания церкви.

Зданию церкви этот пожар не причинил никакого ущерба, за исключением минимальных последствий дыма, в то время как винный магазин сгорел дотла. Шеф пожарной службы Чикаго сказал старейшине нашей церкви: «У вас, должно быть, особые отношения с Тем, Кто наверху». Я знаю точно, почему сгорел этот магазин: потому что я проклял его. Но скажу вам, что этот факт не вызывает у меня гордости, но пугает меня. Я понял, какую силу имеют наши слова и насколько нам нужно быть осторожными.

Но если Дух Божий побуждает вас использовать такого рода молитву, то это может способствовать целям Божьим. Иисус никогда не был безразличным. Он никогда не был нейтральным. Он был либо за, либо против, и ожидает от нас, что мы будем подобны Ему.

МОЛИТВА ВЕРЫ

Иисус сказал, что нам надлежит быть настойчивыми в молитве и не унывать (см. Луки 18:1-8). Мы с Руфью убедились, что это является одной из самых серьезных проверок, прежде чем мы сможем занять свое место в Его симфонии. Настойчивость в молитве — это обязательное качество зрелого христианского характера. Настойчивость в молитве — это не приходить к Богу со списком заказов — такой подход трудно вообще назвать молитвой. Помните, Иисус сказал, что Отец уже знает то, в чем мы нуждаемся, прежде чем мы попросим Его (см. Матф. 6:8). Вам нет необходимости рассказывать Богу, в чем вы нуждаетесь. Что действительно важно, так это иметь такие взаимоотношения с Богом, когда вы говорите Ему о своей нужде и знаете, что получаете ответ.

Есть такие вещи, о которых я молюсь уже на протяжении десятка лет. Они до сих пор не исполнились.

Когда такое происходит, то вы можете сами видеть, молитесь ли вы в вере или без нее. Если молитесь без веры, то вы, скорее всего, говорите: «Я молюсь об этом уже 10 лет, и ничего не происходит». Но если вы молитесь в вере, то говорите: «Ответ уже на 10 лет ближе, чем тогда, когда я начал молиться».

Надеюсь, что это произведет в вас желание научиться играть на разных инструментах. Быть частью Божьей молитвенной симфонии — это чудесно. Когда вы молитесь в гармонии с другими — под управлением дирижерской палочки Святого Духа в согласии с волей Божьей, открытой в Его Слове — то Иисус обещает, что наши молитвы будут отвечены. Теперь давайте научимся тому, как знать волю Божью для наших молитв.

5
КАК НАЙТИ ВОЛЮ БОЖЬЮ

> *Ибо слово Божие живо и действенно и острее всякого меча обоюдоострого...*
> — *Евреям 4:12* -

Если вы поинтересуетесь, кого считают самыми влиятельными людьми на земле, то можете услышать самые разные ответы. Вероятно вам скажут что это политические лидеры, ученые или военные.

Не думаю, что эти группы людей являются действительно влиятельными. Насколько я понимаю, сегодня самыми влиятельными людьми на земле являются те люди, которые знают, как получать ответы на свои молитвы. Это потому, что они осознают всемогущество Божье в решении тех проблем, которые не под силу самым мудрым и могущественным людям. Верю, что самые драматические изменения в нашем мире — возьмем, например, разрушение Железного Занавеса или высвобождение политической свободы в Советском Союзе — не были решением политиков; это были результаты молитв Божьего народа — царственного священства.

Если такая власть была вверена нам, как верующим во Христа, то мы будем очень нерадивыми, если не оценим и не будем использовать ее. Как Царство Священников, мы имеем мандат правления на земле. Мы можем изменить курс истории, но источником этой власти является знание воли Божьей.

«МОЛИТЕСЬ ЖЕ ТАК...»

Давайте обратимся к Нагорной проповеди Господа Иисуса Христа и найдем там пример молитвы, которая известна всем христианам по всему лицу земли. Мы называем ее молитвой «Отче наш». Когда Он сказал: *«молитесь же так (таким образом)»*, я не верю, что Иисус имел ввиду молиться обязательно теми же самыми словами — хотя они прекрасны. Скорее, Господь дал нам сжатый и, тем не менее, совершенный образец того, каким образом нам следует молиться.

Давайте обратимся к Евангелию от Матфея 6:9-10 и найдем там принципы эффективной молитвы: *«Отче наш, сущий на небесах! да святится имя Твое; да приидет Царствие Твое; да будет воля Твоя и на земле, как на небе...»* В этих словах содержится ключ к обнаружению воли Божьей. Надеюсь, что я смогу вложить этот ключ в ваши руки и он поможет открыть вам всемогущество Божье.

Отче наш, Сущий на Небесах

Во-первых, мы обращаемся к Богу как к Отцу: *«Отче наш на небесах»*. Это меняет все. Мы молимся не какому-то далекому и незнакомому божеству или какой-то безликой силе. Мы обращаемся к Личности, Которая стала нашим Отцом через Иисуса Христа.

Видите ли, сугубо техническое представление о Вселенной — идея о том, что все это лишь результат серии материальных взрывов — оставляет человека очень одиноким, потерянным в необъятных просторах Вселенной, которые он не в состоянии ни понять, ни контролировать.

Когда я думаю об этом, то всегда вспоминаю своего друга, хорошо известного проповедника из католиков-харизматов, который рассказывал мне много лет назад, как оказался один на задворках большого американского города. Был поздний вечер, и тьма сгущалась. Холодный ветер поднимал столбы пыли вокруг него. Он стоял на перекрестке, чувствуя себя брошенным и бессильным. Но вдруг к нему пришло побуждение произнести всего лишь одно слово к Богу. И он начал повторять снова и снова: «Отец... Отец... Отец...». Чем больше он повторял это, тем более сильным и спокойным он себя чувствовал. Простое утверждение своих взаимоотношений со Всемогущим Богом как своим Отцом изменило его отношение к ситуации, в которой он оказался.

Будучи молодым человеком, я посвятил много лет изучению самых разных теорий о происхождении Вселенной. Но так и не смог найти ни одной теории, которая бы удовлетворила меня интеллектуально. Я был разочарован, и поэтому когда, наконец, начал читать Библию, то решил, что ее версия происхождения Вселенной, по крайней мере, уже не сможет быть глупее всех теорий, которые я ранее слышал. Я не верил, что Библия была богодухновенной и уникальной книгой. Я планировал изучить ее так же, как до этого изучал все остальные книги и научные труды, начав с начала и дойдя до конца.

Я принял это решение в 1940 году, когда был призван в действующую Британскую армию. Шла Вторая Мировая война. На момент призыва я был профессором философии Кембриджского университета. Как философ, я посчитал своим долгом взять с собой какой-нибудь философский труд. Но поскольку я не мог взять много книг, то решил приобрести Библию и изучить ее с начала и до конца. Мне пришлось провести в армии следующие пять с половиной лет, поэтому у меня было достаточно времени для чтения. Не забуду, какое впечатление на других новобранцев произвело то, как я достал и открыл Библию в первый же вечер нашего пребывания в казарме. Без всякой сторонней мысли я просто сел и открыл Библию.

По мере того, как остальные 24 солдата смотрели на меня и понимали, что я читаю Библию, необычная тишина начала наполнять всю казарму. Я не мог поверить, что одна открытая книга может произвести такой эффект! Полагаю, особенно их сбивал с толку тот факт, что мое поведение совершенно отличалось от жизни тех людей, которые регулярно читают Библию.

Однако, продолжая читать Библию, я в конечном итоге повстречал ее Автора. И как только я встретил Его, эта книга приобрела самый драгоценный смысл для меня. Я нашел там ответы, которых не получил в философии. Я нашел описание начала вещей, которое объяснило мне меня самого. Читая историю сотворения человека, записанную в первых главах Бытия, я понял, что происходило внутри меня.

Видите ли, моим любимым философом, труды и мысли которого я изучил досконально, был Платон. Я прочел каждое слово, которое было им написано, в древнегреческом оригинале. Он описывал человеческую душу как колесницу, которую тянут две лошади — черная и белая. Белый конь всегда стремится вверх. Черный конь всегда пытается прижать колесницу вниз. Я чувствовал, что это описывает мои переживания.

Когда я прочитал Бытие, то понял, что человек произошел из двух источников: из праха земного снизу; и от дыхания Всемогущего Бога свыше. Я увидел в каждом из нас определенное напряжение между тем, что пришло свыше, и тем, что пришло от земли.

Но Бог показал нам в Своем Слове, как разрешить

это давление и привести свою жизнь в гармонию.

С тех пор у меня совсем другое представление о Вселенной. Когда я встретил Бога Библии, то пришел к пониманию, что есть Отец и что реальная сила, сокрытая позади всего, — это Его любовь. Единственным необъяснимым фактом во Вселенной является любовь Бога. Библия учит, что Бог любит нас, но она не говорит, почему Он любит. Мы просто должны принять это; мы никогда не поймем этого. Почему Бог возлюбил нас — это превосходит наше понимание. Но хорошая новость в том, что это так.

Иисус учил, что когда мы молимся Богу, то первое слово, которое мы должны произнести, — «Отец». Если мы познали Бога как Отца через Христа, тогда первое, что должны сделать, когда молимся, — прийти к Нему как к Отцу.

Слово «наш» тоже является крайне важным, потому что большинство из нас крайне эгоистичны. Мы склонны к тому, чтобы молиться так: «Господи, благослови меня... исцели меня... помоги мне...». Иисус напоминает каждому из нас, что мы не единственные дети Божьи. У Отца много других детей, и все они важны для Него. Помни о братьях и сестрах.

Да святится имя Твое

Следующие слова — *«Да святится имя Твое»* — выражают почтение и поклонение. Осознав Бога Отцом, мы должны проявить отношение уважения. Приходится с печалью отмечать, что во многих частях Церкви сегодня недостаточно почтительное отношение к Всемогущему Богу. Мы не должны трястись от ужаса, приближаясь к Нему, но Он ожидает от нас трепетного почтения. Нечто происходит в нашем духе, когда мы позволяем этому отношению почтения проявляться в наших молитвах.

Да придет Царствие Твое

После этого мы переходим к первым прошениям. Во-первых: *«Да придет Царство Твое»*, — во-вторых: *«да будет воля Твоя на земле, как на Небесах»*. Обратите внимание, что мы начинаем не с прошений о чем-то своем. Это идет уже потом: *«Хлеб наш насущный дай нам на сей день; и прости нам долги наши»*. Наши нужды не забыты, но начинаем не с них. Мы начинаем с Божьих целей — с того, что важно для Бога.

Видите ли, падший человек полностью сосредоточен на себе и заперт в тесную тюрьму собственного «я». Плотской человек эгоистичен; его жизнь замкнута на нем самом: «Как получить то, чего я хочу? Кто мне поможет? Что я буду иметь от этого?» Это — тюрьма.

Пережив новое рождение и получив Его благодать, мы можем быть освобождены из тюрьмы эгоизма и войти в такие взаимоотношения с Ним, при которых Его желание важнее всего того, чего хотим мы. Когда вы молитесь таким образом, у вас начинают вырастать крылья. Вы можете подниматься выше естественного уровня.

Первое, о чем нам заповедано молиться — *«Да придет Царствие Твое»*. Это крайне важно: поскольку тем самым мы настраиваем себя в соответствии с тем, что Бог желает делать на земле. В действительности, конечная Божья цель для этого века очень проста. Детали могут быть сложными, но сущность Божьего плана следующая: установить Свое Царство на земле. Это Божий приоритет №1. На протяжении всей нашей эры (от дней, когда Иисус умер и воскрес, и вплоть до сегодня) Божий приоритет постоянно остается неизменным. Миллионы христиан молятся молитвой «Отче наш» каждый день, так и не осознавая, о чем они молятся. Молясь так: *«Да придет*

Царствие Твое», — мы просим Его сделать то, что Он обещал сделать.

В конечном итоге, есть только одно решение всех нужд человечества — это установление Божьего Царства. Сегодня мы часто слышим о «социальном Евангелии», которое подразумевает необходимость позаботиться о физических и материальных нуждах человечества. Все христиане должны заботиться о нуждах окружающих людей — я согласен, что это очень важно и что это является выражением любви. Если вы любите людей, то вы будете заботиться о них. Но я не верю, что мы сможем восполнить нужды всего человечества.

Церковь существует на земле уже около двух тысяч лет, и нужды в этом мире сегодня, пожалуй, самые большие за всю человеческую историю. Около 25.000 детей в возрасте до пяти лет умирают еженедельно, в основном из-за недоедания и антисанитарии. При этом если взять все деньги, которые тратятся правительствами стран мира на военные расходы, то их с лихвой хватило бы на постройку больниц, клиник и обеспечение пищей и чистой водой всех народов земли. Проблема не в недостаче ресурсов; проблема в том, что человеческая жадность вкупе со страхом и ненавистью приводят к тому, что эти ресурсы направляются в неверном направлении.

Не поймите меня неправильно: я не проповедую пацифизм. Я лишь указываю на то, что корнем проблемы является человеческая натура. Человек (сам по себе) и Церковь (сама по себе) никогда не разрешат материальных и практических нужд человечества. Только одно может достичь этого — это установление Божьего Царства на земле.

Я стремлюсь быть человеком практичным. Мне бы не хотелось быть просто мечтателем или теоретиком. Я говорю людям, что Дух Святой является самой практичной Личностью на земле. Если что-то непрактично, то это и недуховно. Утверждение Божьего Царства является единственным практическим решением нужд человечества. Люди, которые проповедуют так называемое «социальное Евангелие», проповедуют мечту. Возможно, они имеют хорошие мотивы, но предполагать, что, сосредоточившись на социальных и материальных нуждах людей, мы сможем их решить — это обман. Есть лишь одна надежда для человечества — это установление Царства Божьего.

Мне довелось много путешествовать, и я побывал в местах, где люди находятся в отчаянной нищете, — забытые и брошенные. По-видимому, у большинства западных христиан достаточно смутное представление о вопле людей во многих странах по всему лицу земли. Нужды людей не восполняются. Во многих случаях нищета, лишения и голод лишь усиливаются.

Есть только одно решение — это Божье решение. Бог является величайшим Реалистом, и Его любовь к людям побуждает Его делать приоритетом №1 восполнение нужд человечества посредством установления Царства Христова на земле.

Как устанавливается Царство

Теперь нам необходимо немного прояснить, как устанавливается Царство. Павел описывает сущность Царства: *«Ибо Царствие Божие не пища и питие, но праведность и мир и радость во Святом Духе»* (Римл. 14:17).

Праведность идет первой. Без настоящей праведности никогда не будет истинного мира. Сегодня много разговоров о мире. Многие церкви и деноминации молятся о мире. Это хорошая молитва, но помните о том, что без праведности никогда не придет мир. Бог дважды сказал через пророка Исаию, что нет мира для нечестивых (см. Ис. 48:22; 57:21).

Мне довелось встречать много христиан, которые искренне хотят мира и радости, но часто я обнаруживал, что они упускают из вида тот факт, что мир и радость приходят только в результате праведности. Именно праведность является первым проявлением Царства. Любые попытки достичь мира без нее обречены на провал.

Насколько я понимаю пророчества Библии, придет антихрист — вдохновленный сатаной правитель. Он пообещает мир, и некоторое время будет похоже, что он добился этого. Но Павел пророчествует следующее: *«Ибо, когда будут говорить: «мир и безопасность», тогда внезапно постигнет их пагуба...»* (1 Фесс. 5:3). Лишь сила Духа Святого может дать праведность, мир и радость для их естества.

Первейший путь, по которому приходит Царство, лежит внутри нас. Иисус сказал фарисеям Своих дней, что Царство не придет в результате наблюдений и ожиданий его внешнего явления. Он сказал, что Царство Божье находится внутри (или посреди) нас (см. Луки 17:21).

Не существует царства без царя. Когда появляется царь, тогда вместе с ним появляется его царство. Таким образом, всякий истинный верующий, который сделал Иисуса Царем своей жизни, может лично переживать Царство. Это означает сместить свое «я» с трона своего сердца и возвести Иисуса на этот трон. Всякий поступающий так обнаруживает установление Царства Божьего с праведностью, миром и радостью.

Но я также полагаю, что есть совместное выражение Царства. Оно — в истинном сообществе верующих, которое названо Церковью. Это общение тех, кто сделал Иисуса Царем в своем сердце и кто живет и общается с другими на этом основании.

Ответственность Церкви состоит в том, чтобы являть Царство Божье. Это происходит через наше отношение и взаимоотношения, и благодаря нашему образу жизни. Это отблеск Царства, который бросает вызов миру. Люди, наблюдающие за Церковью, должны сказать: «Так вот, что такое Царство Божье». Они должны видеть в ней праведность, мир и радость в Святом Духе. Скажу вам, где Церковь демонстрирует это, там сердца людей практически всегда открыты к истине Евангелия. Если мир не видит Царства в Церкви, то он, скорее всего, не поверит нашей проповеди.

Позвольте мне предложить один важный способ, как мы можем проявлять Царство, хотя сегодня он уже может быть оспорен. И действительно, сегодня истина оспаривается. Пророк Исаия пишет о том, что придет время, когда истина будет спотыкаться на улицах и праведность не сможет войти. Во многих частях человеческого общества мы недалеки от этого.

Но вот один из способов выразить наше послание. Павел пишет христианским супружеским парам: *«Мужья, любите своих жен, как и Христос возлюбил Церковь»* (Ефес. 5:25). Я говорю мужьям: это не рекомендация; это — заповедь. Вам повелевается любить свою жену. Более того, если вы будете делать это, то вам самим это принесет много добра. С другой стороны: *«Но как Церковь повинуется Христу, так и жены своим мужьям во всем»* (Ефес. 5:24).

Когда мир смотрит на христианскую супружескую пару, он должен сказать: «Я понимаю, то, как этот мужчина любит свою жену, так Иисус любит Церковь, а как эта жена относится к мужу, так Церковь относится ко Христу». Посвященная христианская пара может служить посланием для этого мира: вот так выглядит Царство Божье.

Если есть место, где Царство Божье должно демонстрироваться больше и прежде всего, то это семья верующих. И если есть что-то, что сатана атакует сегодня в первую очередь и более всего, то это семья. Она была задумана Богом для того, чтобы являть Царство, и сатана желает размыть, исказить и уничтожить послание Царства. Он боится Царства, потому что там, где утверждается Царство, его власть приходит к концу.

Окончательный приход Царства

Царство приходит невидимо — как в сердца отдельных верующих, так и в совместное общение истинной Церкви. Но это еще не все. Будет окончательное видимое установление Божьего Царства. И как для установления невидимого, так и для видимого Царства требуется Царь. Царство Божье сможет прийти на землю только тогда, когда Сам Царь видимым образом возвратится сюда. Лично я считаю, для Церкви самонадеянно думать, что мы сможем выполнить весь труд и утвердить это без Иисуса. Библия говорит, что мы должны ревностно желать Его пришествия.

Один мой друг, помазанный проповедник, выражает свои мысли достаточно интересным способом. Он сказал однажды, что когда Иисус вернется, Церковь должна будет сказать нечто более, чем: «А все-таки как мило, что Ты уже здесь!» Поверьте, друзья, уже в обозримом будущем события на земле будут развиваться таким образом, что заставят нас отчаянно желать Его возвращения. Бог позаботится об этом.

Видимое установление Своего Царства на земле под правлением видимого Царя — это главная цель Божья. Все, что делает Бог, направлено на это.

Пока мы не сделаем это нашим приоритетом, мы не будем находиться в согласии с волей и намерением Божьим. Вот почему Иисус учил нас молиться: *«Да придет Царствие Твое»*. От нас требуется настроить себя на Его цели.

Молитва — это не способ побудить Бога делать то,

что мы хотим, хотя многие христиане считают именно так. Иногда это может сработать, но все-таки молитва задумана не для того. Молитва — это способ для нас стать инструментами для выполнения того, что желает Бог. Когда мы приходим в согласие с Божьей волей, мы начинаем молиться такими молитвами, для которых нет преград. Не будет силы, человеческой или сатанинской, которая смогла бы противостоять нашей молитве и предотвратить ее исполнение.

Да будет воля Твоя

Затем Иисус учил нас молиться: *«Да будет воля Твоя на земле, как на небесах»*.

Это не означает, что на земле все достигнет совершенства, но означает, что в любой возникшей ситуации Божья воля и Его решение могут исполниться в совершенстве. Верите ли вы в это? Видите ли, вы будете молиться по-другому, если уверуете, что это истина.

Но помните, что молясь: *«Да будет воля Твоя»*, вы тем самым говорите: «Не моя, но Твоя воля да будет». Но хочу сказать вам следующее: Божья воля является самой лучшей. Многие из нас позволили дьяволу запугать нас волей Божьей: «Если я подчинюсь воле Божьей полностью, то это будет означать страдания и лишения, я буду вынужден отказаться от многого...» — Возможно, такое и произойдет, но посмотрите в Откровение 4:11: *«ибо Ты сотворил все, и все по Твоей воле существует и сотворено»*. Я размышлял над этим стихом много раз и пришел к выводу, что не может быть что-то лучше, чем воля Божья. Она является самой лучшей для любой ситуации и любого времени. Мы никогда не должны бояться принять ее. И мы делаем это, не понимая до конца, к чему это приведет.

Однажды мы с Руфью готовились к проповедям

на Гавайях, где мы, теоретически, отдыхали. В действительности же мы проходили через духовную битву с силами сатаны. Мы оба подошли к тому моменту, когда мы просто лежали на полу и молились: «Господи, мы безоговорочно принимаем Твою волю. Мы примем все, что Ты пожелаешь».

Полагаю, что Бог придавил нас, ввел нас в тесноту, лишь для того, чтобы привести нас в такое место, где мы полностью подчинимся Его воле. Когда вы поступаете так, тогда вы находите настоящее облегчение. Вы не знаете, о чем молиться, но вы знаете, что у вас есть Отец, Который любит вас, Который всемогущ, Который всегда желает самого лучшего для вас.

Когда я оборачиваюсь назад, на годы, которые прошел с Господом, то снова и снова благодарю Бога за те моменты, когда Он не позволил мне идти своим путем. Я вижу ситуацию за ситуацией, в которых если бы я поступил так, как сам того хотел, то результаты были бы весьма плачевные. И другие времена, когда Он вел меня молиться такими молитвами, которые повлияли на народы, изменили ситуации и семьи. Во славу Бога, могу засвидетельствовать, что наблюдал некоторые поворотные моменты истории, в которых сыграли роль мои личные молитвы и совместные молитвы христиан. Курс истории поменялся, в том числе и благодаря нашим молитвам. Позвольте мне привести два примера.

Спустя примерно год после того, как я был призван в Британскую армию и пережил эту чудесную встречу с Господом, мое подразделение было отправлено в Северную Африку, и я оказался в медицинском подразделении. Благодаря этому, я получил довольно сомнительную привилегию принять участие в самом продолжительном отступлении за всю историю Британской армии — более 700 миль непрерывного отступления — от ливийского местечка

Алагалах до самых ворот Каира. Позвольте сказать, что 700-мильное отступление является изнурительным и деморализующим переживанием, особенно в условиях пустыни.

В тот момент судьба всего Ближнего Востока балансировала над пропастью. Если бы объединенные войска фашистской Италии и нацистской Германии смогли прорвать нашу оборону и захватить Каир, то они получили бы контроль над Суэцким каналом, отсекли основные жизненно важные каналы снабжения Британской империи и, в конечном итоге, захватили бы землю Израиля — и для них был бы открыт путь к нефтяным ресурсам всего Ближнего Востока.

Без сомнения, существовало много причин этого отступления, но лично меня впечатляло более всего то, что офицеры не пользовались доверием у тех, кем они командовали. Британские офицеры были эгоистичными, безответственными и недисциплинированными. Хотя я сам происхожу из семьи потомственных военных, но я знаю то, о чем говорю. Приведу вам один пример. Во время нашего пребывания в пустыне у нас были ограничения в потреблении воды. Солдату выдавалась всего одна фляжка воды на два дня для всех его нужд: для мытья, бритья, приготовления пищи и питья. Вместе с тем, мы могли видеть, что в офицерской столовой у каждого из них на один только ужин было больше воды для разбавления виски, чем полагалось солдату для всех его нужд на два дня.

Вот в такой ситуации оказался я, будучи новообращенным христианином. У меня не было возможности посещать церковь. Все, что я имел там — это Библия и Святой Дух. Я думал, что мне следует быть способным молиться об этой ситуации осознанно. Я знал, что не понимаю, за что молиться. Поэтому я сказал в простоте: «Господь, покажи мне, как Ты хочешь, чтобы я молился».

Господь ответил мне и вложил в мои уста конкретную молитву: «Господь, дай нам лидеров, которые были бы Тебе во славу, чтобы дать нам победу через них». Когда я начал молиться этой молитвой, сам я был в Господе менее года. Я начал молиться ею в постоянстве.

Не знаю, что произошло, но Бог быстро начал действовать. Британское правительство назначило нового командующего для своих сил на Ближнем Востоке и в Северной Африке. Этот офицер полетел в Каир, чтобы принять командование, но его самолет разбился при посадке, и он погиб. Итак, в критический момент на самом активном театре боевых действий Британская армия осталась без командования.

В сложившейся ситуации Уинстон Черчилль, который на тот момент был премьер-министром Великобритании, поступил по более или менее своей собственной инициативе и назначил командующим неизвестного офицера. Его звали Бернард Монтгомери. Это был посвященный христианин и богобоязненный человек. К тому же, это был прекрасный командир и человек великой дисциплины.

Он немедленно взялся за преобразование британской армии. Он восстановил дисциплину и мораль. Он изменил отношение и поведение офицеров. И после этого произошло сражение, которое получило известность как «Битва при Эль-Аламейн», которая стала первой большой победой союзнических войск на всем театре войны. Она склонила чашу весов к победе в Северной Африке на сторону союзников.

Я служил в передвижном медицинском расчете (своего рода войсковая «скорая помощь»), который действовал сразу же за передовыми отрядами британских войск. В кузове нашего грузовика было небольшое портативное радио. И вот я слушал передачу новостей, и комментатор описывал подготовку в штабе Монтгомери прямо перед началом «Битвы при Эль-Аламейн». Он рассказал, как Монтгомери собрал своих офицеров и всех, принимавших участие в подготовке, и сказал: «Давайте попросим Господа, Сильного в брани, даровать нам победу».

Когда я услышал эти слова, то через мое тело, от макушки головы до подошвы ног, словно прошел разряд того, что я называю «небесным электричеством». Бог тихим, но ясным голосом проговорил в мой дух: «Это ответ на твою молитву».

Таким образом, я научился в самом начале моей христианской жизни, что молитва может изменить ход истории. В одной уважаемой британской газете мне попалась статья посвященная 100-летней годовщине Монтгомери, в которой говорилось, что ни один британский командующий за всю историю не провел настолько блестящей военной компании, как Монтгомери в Северной Африке. Как я и молился, Бог поднял человека, который вознес Ему славу. Верите ли вы в это? Можете ли вы поверить, что ваши молитвы могут изменить историю? Что Бог сделает для вас то, о чем вы молитесь?

Возможно, кто-то скажет: «Ну, это так самонадеянно. Другие люди тоже молились». Конечно же, другие христиане в Британии молились. Тем не менее, это остается истиной: даже если один человек молится, и молится молитвой веры, принимая Божьи условия, то Бог посвящает Себя тому, чтобы ответить на эту молитву.

Есть только две альтернативы в том, что касается молитвы: либо Бог отвечает на молитву, либо Он не отвечает. Если Бог не отвечает на молитвы, то глупо молиться, а если же Он отвечает на молитвы, то глупо не молиться. Я верю в то, что Он отвечает на молитвы. Я твердо убежден в этом. Но урок, который я хочу подчеркнуть, следующий: Бог должен дать тебе молитву. Приняв молитву, следует держать ее подобно копью. Взяв его, крепко держите его. Не отбрасывайте его.

Второй пример меняющей ход истории молитвы, который я хочу вам дать, связан со временем, когда я работал со студентами и учителями в Кении в 1960 году. В течение двух лет Кения должна была получить независимость от Британской империи. Страна проходила через глубочайший политический кризис. Появилось движение «Мау-Мау», которое не только раздирало страну надвое, производя ненависть и подозрительность не только между чернокожими и белыми, но также между различными местными племенами. Прямо в те дни Бельгийское Конго, которое находилось за западной границей страны, получило независимость от Бельгии, и сразу же после этого погрузилось в ожесточенную гражданскую войну. Все политические эксперты предупреждали о том, что Кения пойдет тем же самым путем, что и Бельгийское Конго, но вероятно это будет еще хуже.

В августе того года я был одним из спикеров на Библейском съезде для молодых африканцев. Съезд продлился неделю, и вот мы подошли к последнему вечернему собранию. Дух Божий начал действовать в собрании суверенным и уникальным образом. В определенный момент я почувствовал, что мы оказались у потоков ресурсов Божьего Всемогущества и что на нас возлагается ответственность за то, чтобы мы использовали их правильно. Поэтому я поднялся на платформу и остановил молодых людей, которые продолжали молиться. После этого я призвал их молиться за будущее их страны. Я указал им, что христиане несут ответственность молиться за свое правительство и что их страна стоит на пороге большого кризиса. Я сказал им, что их молитвы, возможно, остаются единственным средством, которое может спасти их страну от грядущего бедствия.

Эти три сотни молодых людей соединились в единодушной молитве, длившейся около десяти минут. Они молились и искали лицо Божье — это было одно из самых драматичных переживаний, которые я когда-либо проходил. Затем, когда все стихло, молодой африканец, который стоял рядом со мной на платформе, спокойным голосом обратился к собранным африканцам.

Он сказал: «Хочу поделиться с вами видением, которое было у меня во время нашей молитвы. Я видел всадника на красном коне — и конь был свирепый и безжалостный — он приближался к Кении с запада. Позади него скакали красные кони, такие же свирепые и безжалостные. Но по мере того, как мы молились, я увидел, что эти кони развернулись и поскакали прочь от Кении в северном направлении».

Затем он сказал: «Когда я размышлял над видением, Бог проговорил ко мне и вот, что Он сказал: «Только сверхъестественная сила молитвы Моего народа может отвести бедствия, которые грядут на Кению».

Не буду вдаваться в детали всего, что произошло на протяжении следующих лет, но я должен сказать, что видение, которое было даровано этому молодому африканцу, в точности исполнилось. Три или четыре года спустя была предпринята опасная попытка коммунистов проникнуть в Кению с запада и захватить страну. Это было предотвращено благодаря мудрым и решительным действиям Джомо Кеньятта, первого президента Кении. Коммунисты так и не смогли достичь какого-нибудь серьезного успеха в Кении. Они повернули на север и оккупировали Сомали, превратившееся, по большому счету, в военную базу коммунистов.

С тех пор и по сегодняшний день Кения является одним из наиболее стабильных и прогрессивных среди более 50 новых государств Африки, появившихся на этом континенте после Второй Мировой войны. Это явно отличается от того, что предсказывали политические эксперты. Это было результатом молитвы — целенаправленной, совместной молитвы веры во время национального кризиса, когда решалась судьба всей страны.

Способность так молиться стоит более всех богатств этого мира. Человек, который может так молиться, является более влиятельным, чем генерал, который одерживает победу, и правительство, которое контролирует генерала.

Не всегда приоритетом моей молитвы было исполнение Божьей воли на земле, как на Небе. Иногда я увязал в своих собственных заботах и в своей ограниченности и начинал молиться о себе и своем. Нет ничего плохого в том, чтобы просить Бога помочь вам, но это не произведет Божественный результат, пока все ваше отношение и ваша мотивация не будут выстроены в соответствии с Его целями на земле.

Бог не собирается изменяться. Если между мной и Богом нет гармонии, угадайте, кому надо измениться? К тому же жизнь вне гармонии с Богом, особенно если вы крещенный Духом Святым верующий, является болезненной.

Как мы можем быть в гармонии? Ответ такой: настраивая себя в соответствии с Божьими целями. Первый ключ знания Его воли находится в начале молитвы, которой научил нас Господь Иисус: *«Отче наш, сущий на Небесах...»*

Знание воли Божьей

12-я глава Послания Римлянам является одной из моих самых любимых в Библии. Там даны следующие ключи к нахождению воли Божьей. Насколько я вижу, все они находятся в первых восьми стихах. Итак, Римлянам 12:1-8:

> *Итак умоляю вас, братия, милосердием Божиим, представьте тела ваши в жертву живую, святую, благоугодную Богу, для разумного служения вашего, и не сообразуйтесь с веком сим, но преобразуйтесь обновлением ума вашего, чтобы вам познавать, что есть воля Божия, благая, угодная и совершенная. По данной мне благодати, всякому из вас говорю: не думайте о себе более, нежели должно думать; но думайте скромно, по мере веры, какую каждому Бог уделил. Ибо, как в одном теле у нас много членов, но не у всех членов одно и то же дело, так мы, многие, составляем одно тело во Христе, а порознь один для другого члены. И как, по данной нам благодати, имеем различные дарования, то, имеешь ли пророчество, пророчествуй по мере веры; имеешь ли служение, пребывай в служении; учитель ли, — в учении; увещатель ли, увещевай; раздаватель ли, раздавай в простоте; начальник ли, начальствуй с усердием; благотворитель ли, благотвори с радушием.*

Павел начинает со слова *«итак»*. Я всегда говорю, что если вы встречаете в Библии: *«поэтому»*, *«итак»*, *«посему»* — то следует узнать, почему они там (с каким выводом они связаны — *примеч. ред.*). Это *«итак»* связано с предыдущими одиннадцатью главами Послания Римлянам, в которых Павел раскрывает послание Божьей милости и благодати. Затем он спрашивает: «В свете этого, что мы должны сделать? Какой должна быть наша реакция?» И дает следующий ответ: «Предоставьте ваше тело в качестве жертвы живой, святой, угодной Богу».

Это всегда благословляет меня. Библия настолько практична! Многие из нас ожидали бы чего-то сверхдуховного. После всего этого славного раскрытия благодати Божьей мы спрашиваем: «Боже, чего Ты хочешь?» — и Он отвечает: «Хочу твое тело».Видите ли, когда Он получает в Свое распоряжение наше тело, Он получает все его содержимое.

Павел также говорит о том, как мы отдаем наше тело: «Предоставьте ваше тело Ему как жертву живую». Почему сказано: *«в жертву живую»*? Потому что Павел сопоставляет это с жертвами Ветхого Завета, которые сначала предавались смерти, а потом возлагались на жертвенник. Таким образом, слова Павла следует понимать так: «Не предавайте смерти ваше тело, а возлагайте его на жертвенник живым».

Как только жертва была возложена на жертвенник, она больше не принадлежала тому, кто принес ее, — она принадлежала Богу. Тем самым Бог как бы говорит здесь: «Возложи свое тело на Мой жертвенник в качестве живой жертвы. Отныне оно больше не принадлежит тебе. Оно принадлежит Мне. Уже не ты решаешь, что будет с твоим телом — Я принимаю решения. Уже не ты решаешь, куда ты поедешь. Уже не ты решаешь, что ты будешь кушать. Уже не ты решаешь, что будешь носить. Теперь это Мои решения. Я принимаю полную ответственность за твое тело».

Отнеситесь к этому очень серьезно. Сделайте это посвящение с полным осознанием того, что вы говорите. Но при этом помните и обо всех благословениях, которые приносит это посвящение. Бог совершенно по-разному относится к тому, что было одолжено Ему во временное пользование, и к тому, что стало полностью принадлежать Ему. Он берет полную ответственность за то, что принадлежит Ему, а Он хороший Владелец. В действительности, вы сможете найти в этом ответ на вашу проблему. Отдайте, наконец, Богу ваше тело. Вы противились этому уже достаточно долго.

Следующий стих: *«...и не сообразуйтесь с веком сим, но преобразуйтесь обновлением ума вашего, чтобы вам познавать, что есть воля Божия, благая, угодная и совершенная».*

Для того чтобы обнаружить Божью волю, вы должны иметь обновленное мышление. Для этого ваш разум должен обновиться. Господь не будет делать этого до тех пор, пока не получит власть над вашим телом, и только после этого Он обновит ваш разум. А когда ваш разум обновлен, вы сможете обнаружить волю Божью. Многие люди обрели спасение, и, я верю, в конечном итоге они пойдут на Небеса, но они так и не обнаружили волю Божью в этой жизни, потому что их разум так и не был обновлен.

Затем Павел говорит: *«По данной мне благодати, всякому из вас говорю: не думайте о себе более нежели должно думать; но думайте скромно, по мере веры, какую каждому Бог уделил».*

Обновленный разум лишен гордости. Он не высокомерен. Он не ищет самоутверждения. Он смиренный, трезвый, реалистичный. Предположим, вы получили работу в банке. Приходя на работу в банк, вы не ожидаете, что сядете в кресло управляющего в тот же день. Точно так же, входя в Царство Божье, вы не ожидаете, что станете апостолом в первый же день. Будьте согласны на то, чтобы сначала отвечать за выброс мусора из корзинок и быть посыльным. В духовной жизни продвижение вверх лежит через смирение, путь вверх — это путь вниз. Чем ниже вы сойдете, тем выше вы окажетесь в результате.

И затем Павел говорит, что мы не делаем все это в одиночку. Мы должны быть частью Тела Христова. Бог дал каждому из нас меру веры, которая соответствует нашему месту в Теле. Когда мы находим наше место, то обнаруживаем, что имеем веру, которая необходима для этого места и для выполнения этой функции.

Видите ли, моя рука прекрасно действует в качестве руки, но если я попытаюсь ходить на своих руках, то у меня возникнут трудности. Моя рука была задумана быть рукой, а не ногой. Многие христиане подобны ногам, которые пытаются быть руками, или носам, которые стараются стать ушами. Если вы в вашей христианской жизни имеете постоянный дискомфорт и постоянную нехватку веры, то практически гарантировано, что вы пытаетесь быть кем-то, кем Бог не предопределил вам быть. Как правило, жизнь веры встречает испытания и проблемы, но она течет, а не ковыляет. Это не постоянная борьба. Когда вы находите свое место в Теле, тогда вы наделяетесь от Бога той мерой веры, которая делает вас успешным на вашем месте.

В конце Павел подводит краткий итог: когда вы находитесь на своем месте в Теле, Бог даст вам необходимые дары, чтобы вы могли функционировать на этом месте. Многие люди интересуются лишь духовными дарами — я согласен, что они восхитительны. Но они не могут быть обнаружены в отрыве от Тела. На самом деле, пока вы не найдете ваше место в Теле, вы не будете знать, в каких дарах вы нуждаетесь. Основываясь на своем многолетнем опыте служения, могу сказать, что когда я оказываюсь в правильном (нужном) месте, там я имею правильные (нужные) дары.

Вспоминаю, как Бог вручил мне служение освобождения — помощь людям в освобождении от бесов. Один мой друг привел свою сестру, замужнюю женщину, для освобождения к нам с Лидией в один отель где-то в штате Колорадо. Эта женщина села напротив нас, и весь ее внешний вид свидетельствовал о ее печальном состоянии. Явно, что ее жизнь была мучительной. Я пристально посмотрел на нее, открыл рот и услышал себя, говорящим следующее: «Вам надо освободиться от...», — и назвал поименно восемь бесов. В тот же момент я подумал: «Откуда я это знаю?» И тогда я осознал, что Бог дал мне дар слова знания. Зачем? Для разнообразия духовной жизни? Нет, но потому, что я нуждался в этом даре для того, чтобы быть эффективным на том месте, куда Бог поместил меня.

Вы видите важность предоставления своего тела в качестве живой жертвы Богу, когда вы нуждаетесь в том, чтобы знать Его волю для вашей жизни? Хочу сделать вам вызов: действительно ли вы когда-то передали контроль над своим телом Господу Иисусу Христу? Говорили ли вы: «Боже, оно — Твое, и находится в Твоем распоряжении. Делай с ним то, что Ты желаешь»? Если вы не делали этого, то не будет лучшего времени, чем принять это решение сейчас.

Это очень серьезное решение — не так, что вы сделаете его, а потом захотите вернуться назад. Бог не ожидает от вас того, что вы будете совершенными с этого момента, но Он ожидает, что вы будете искренними и чистосердечными. Если вы действительно понимаете, что пришло время для того, чтобы предоставить свое тело на Божий алтарь, то я предлагаю вам помолиться такой простой молитвой:

Господь Иисус Христос, я благодарю Тебя, что на Кресте ты умер вместо меня, чтобы спасти меня от моего греха и сделать меня дитем Божьим. В ответ на Твою милость, Господи, я предоставляю сейчас мое тело Тебе. Я возлагаю его как живую жертву на алтарь Твоего служения. С этого момента оно принадлежит Тебе, Господи, а не мне. Я бла-

годарю Тебя за то, что Ты принимаешь эту жертву. Во имя Иисуса. Аминь.

Мы приближаемся к тем дням на земле, когда увидим все более явное и сильное движение Божьего Духа. Наше посвящение будет испытано и закалено, как никогда, в противостоянии врагу, который осознает, что его время на исходе. В следующих главах этой книги мы более подробно рассмотрим созидание Тела в дом молитвы. Однако первое, что мы изучим, — это вопрос духовной войны и оружия, в котором мы нуждаемся для эффективной молитвы. Давайте двигаться дальше в понимании воли Божьей к более глубокой молитве.

6
ДУХОВНОЕ ОРУЖИЕ ДЛЯ ДУХОВНОЙ ВОЙНЫ

Знаю человека во Христе, который назад тому четырнадцать лет (в теле ли — не знаю, вне ли тела — не знаю: Бог знает) восхищен был до третьего неба.

— *2-е Коринфянам 12:2* —

Этот стих ставит нас лицом к лицу с откровением, что существует более чем одно небо. Павел пишет, что знает человека (кстати, я никогда не верил, что этим человеком был сам Павел, и он пишет здесь о себе в третьем лице), который имел потрясающее переживание восхищения на третье небо, где он *«слышал неизреченные слова, которых человеку нельзя пересказать»* (2 Кор. 12:4).

Полагаю, мы можем сделать вывод, что поскольку существует третье небо, то должны быть и первое со вторым. Мне бы хотелось вкратце рассмотреть положение всех этих небес и их обитателей. Это важно, если мы хотим молиться эффективно и одерживать победу в духовной брани.

Из этих слов Павла следует, что на третьем небе находится рай. В данный момент это место, куда идут духи праведников, но так было не всегда. Было время, когда место пребывания умерших праведников было в Шеоле, особой части преисподних мест земли. Вы наверняка знаете, что при Ветхом Завете Авраам и все умершие праведники сходили в особое место, которое было отделено от умерших нечестивцев великой пропастью. Это место известно как *«лоно Авраамово»*. После смерти и воскресения Иисуса Христа, рай был перемещен — поднят на третье небо в присутствие Всемогущего Бога.

Библия также свидетельствует о существовании того, что мы можем назвать «поднебесьем» (находящимся под Божьим небом), вторым, или промежуточным, небом. Это слово взято из книги Откровение. Вот, например, пишет Иоанн в Откровении 14:6: *«И увидел я другого Ангела, летящего по средине неба...»*. В оригинале это сложное существительное в притяжательном падеже, которое точнее всего перевести как *«среднее небо»*. Это второе небо является местом расположения сатанинских властей. Именно оттуда сатана и его ангелы делают все, что в их силах, чтобы принести разрушение на землю и противодействовать действиям Божьей благодати, благословений и милости. И это происходит прямо сейчас.

Первое небо мы видим, когда выходим ночью и смотрим на звезды, — это видимое небо. Мы можем сказать, что это крыша нашего сегодняшнего места пребывания. Таким образом, мы видим, что Бог пребывает на третьем небе, а человек находится под первым небом. Между этими небесами существует среднее небо, где расположена верховная ставка бунтарского царства сатаны и его падших ангелов.

Как это влияет на молитвы, которые слышит Бог и на которые Он отвечает? В определенной мере влияет. Это дает нам представление о духовном конфликте — о противлении, которое мы встречаем тогда, когда молимся.

ОБЗОР НЕБЕС

Чтобы понять духовную брань, нам необходимо понять, с кем мы боремся. Писание открывает нам, что в настоящий момент верховная ставка сатанинских сил расположена в небесах. Павел ясно говорит об этом в Послании Ефесянам 6:12: *«...потому что наша брань не против крови и плоти, но против начальств, против властей, против мироправителей тьмы века сего, против духов злобы поднебесной».*

Хотя есть достаточно много хороших переводов этого места Писания, они не всегда выражают дословный смысл написанного здесь. Давайте рассмотрим это место Писания фраза за фразой.

«Потому что наша брань не против крови и плоти, но против начальств, против властей...». В Послании Ефесянам и в других местах Писания слова *«начальства»* и *«власти»* зачастую идут рука об руку. Слово *«начальства»* напрямую образовано от греческого слова, означающего *«руководитель».* Слово *«власти»* означает *«сферы власти».* Поэтому лучше сказать, что наша борьба, как верующих, не против плоти и крови, но против управления и сфер, находящихся в их власти.

Далее: *«против мироправителей тьмы века сего...».* Дословный перевод должен звучать так: *«против мировых правителей существующей тьмы».* Тьма века сего имеет верховную ставку, из которой она управляется. Ее верховная ставка — среднее небо, а командующий — сатана. Ефесянам 2:2 называет его *«князем, господствующим в воздухе».*

Следовательно, он правитель тех властей, местом нахождения которых является воздушная сфера. Многие люди представляют сатану обитающим в недрах земли. Его нет там; он находится в небесных сферах.

Явно, что он не находится в небе, на котором обитает Бог — он был сброшен оттуда. Но он и не на земле. В Откровении 12:9 сказано, что придет время, когда он будет сброшен с небес на землю. Затем сказано, что он сойдет сюда в великом гневе, производя все мыслимые бедствия, потому что ему недолго останется. (Мы изучим это подробнее в седьмой главе.) Но пока это время исполнения записанного в 12 главе Откровения не наступило, его верховная ставка находится в небесной сфере.

Мы также боремся: *«против духов злобы поднебесной»*. Слово, переведенное как *«поднебесная»*, означает небесные сферы, которые находятся под небом, на котором обитает Бог.

Итак, вот наш духовный конфликт, наша духовная борьба. Библия в Книге Даниила дает нам наглядную картину того, как происходит эта борьба. Давайте обратимся туда.

БИТВА В НЕБЕСАХ

Даниил, приведенный из Израиля в Вавилон еще юношей, оставался ревностным исследователем писаний своего народа. Читая пророчества, он обнаружил, что подходит к концу время их пребывания в Вавилонском плену. *«В первый год царствования его я, Даниил, сообразил по книгам число лет, о котором было слово Господне к Иеремии пророку, что семьдесят лет исполнятся над опустошением Иерусалима»* (Даниил 9:2).

Даниил начал молиться и поститься за приближение этого события. *«В эти дни я, Даниил, был в сетовании три седмицы дней. Вкусного хлеба я не ел; мясо и вино не входило в уста мои, и мастями я не умащал себя до исполнения трех седмиц дней» (Даниил 10:2-3).*

Даниил увидел, что Бог решил сделать, и его

реакция была такой: «Боже, в этом я с Тобой. Рассчитывай и на меня. Я отделяю себя для молитвы и поста, как никогда ранее, до тех пор, пока воочию не увижу исполнения Твоего обетования».

Мы рассмотрим в восьмой главе тему поста как мощного усилителя наших молитв, а в частности в отношении к Церкви последних дней. Сейчас мы рассмотрим пост, как один из видов духовного сетования. Бог обещал, что Он даст елей радости тем, кто сетует на Сионе (см. Исаия 61:3) — речь не о естественной плотской скорби, но о духовном сетовании тех, кто переживает о разорении Божьего дома и Божьего народа.

Иисус сказал в Нагорной проповеди: «*Блаженны плачущие* (букв. *«горюющие»* — *примеч. ред.*), *ибо они утешатся*» (Матф. 5:4). Обратите ваше внимание, что мы должны быть очень чувствительны в этом. Мы не должны скорбеть, когда Дух Святой утешает нас, и нам не следует пытаться воспроизводить радость и возбуждение, когда Дух Святой призывает нас к сетованию.

Даниил провел 21 день в сетовании, молитве и ожидании Бога. Его пост не был полным, но он воздерживался от всего, кроме самой примитивной пищи и воды. В конце этих трех недель ему явился архангел Гавриил, который был послан к нему с откровением о Божьей цели для Израиля в последние дни. Оставшаяся часть 10-й главы и следующие две главы Книги Даниила описывают посещение ангела и откровение, которое он принес. Для понимания нами духовной войны, давайте проследим временной ход этих событий. «*Но он сказал мне: «не бойся, Даниил; с первого дня, как ты расположил сердце твое, чтобы достигнуть разумения и смирить тебя пред Богом твоим, слова твои услышаны, и я пришел бы по словам твоим...*» (Дан. 10:12).

Молитва Даниила была услышана в первый же день, когда он только начал молиться. Но ангел появился только спустя целых три недели. Что же происходило тогда? Следующий стих говорит нам: *«Но князь царства Персидского стоял против меня двадцать один день; но вот, Михаил, один из первых князей, пришел помочь мне, и я остался там при царях Персидских»* (стих 13).

Когда архангел Гавриил говорит о *«князе царства Персидского»*, то подразумевает не человека. Он говорит об одном из ангелов тьмы, находящемся в поднебесье. Гавриил пустился в путь в первый же день, когда Даниил начал молиться. Сражение духовных существ в поднебесье задержало его прибытие. Против святых ангелов восстали и сражались ангелы сатаны, ангелы тьмы. Но обратите внимание, что именно молитвы Даниила на земле послужили причиной прихода архангела. Видите ли вы, насколько важны наши молитвы? Архангел нуждался в Данииле и его молитвах для того, чтобы ему прийти и пробиться.

Обратите также внимание, что инициатива исходила с земли, а не с Неба. Даниил привел все в движение. И осмелюсь сказать, что, в определенном смысле, это остается истинным и сегодня. Мы проявляем инициативу (опираясь на Слово и обетования Божьи — *примеч. ред.*), а не просто ждем, когда Бог начнет действовать. Бог ожидает нас. Когда мы двинемся, тогда Небеса придут в движение. Затем возникает конфликт, и наши молитвы на земле разрешают его. Те, кто действительно верует и знает, как молиться, важнее всего множества тех, кто имеет просто идеи, лишенные силы.

Это место Писания показывает нам еще нечто. Оно открывает нам, почему, молясь о чем-то по воле Божьей, мы не всегда получаем незамедлительный ответ.

Это выглядит так: существует три разных неба на разных уровнях, одно выше другого. Когда молитвы верующего возносятся от земли, то ангел, несущий ему ответ слова Божьего, спускается с третьего неба. Но посредине между нами и Божьим ответом находится нечестивый князь поднебесья, который стремится воспрепятствовать исполнению этого. Когда верующий «промаливает» эту ситуацию, ответ приходит. Исполнение просимого должно быть «промолено». Вот почему Иисус сказал: *«Должно всегда молиться и не унывать»* (Луки 18:1). Нам часто приходится «промаливать» то, что Бог хочет дать нам. (Мы более подробно исследуем это в восьмой главе книги, где речь пойдет об усилении молитвы постом.)

Но заметьте разницу: мы «промаливаем» ответ не потому, что со стороны Бога есть колебания или нежелание дать ответ, как думают некоторые, — мы пробиваемся в молитве через сатанинское противление, находящееся в поднебесном царстве, которое находится в оппозиции ко всякому добру, которое Бог желает сделать для нас.

Если вы чувствительны к Духу, то будете знать, когда наступает прорыв. Бывало такое в моей духовной жизни, когда я точно знал, что произошел перелом и скоро мы увидим ответ: мы получили победу и можем танцевать и петь, потому что эта битва выиграна, и все, что осталось сделать — это собрать трофеи. Мы можем видеть пример этого в истории царя Иосафата.

Итак, Книга Даниила дает основную Библейскую картину духовного конфликта. Оставляя Даниила, ангел дал ему дальнейшее откровение: *«знаешь ли, для чего я пришел к тебе? Теперь я возвращусь, чтобы бороться с князем Персидским; а когда я выйду, то вот, придет князь Греции»* (Даниил 10:20).

Князь Персии был сатанинским ангелом, который доминировал над Персидским царством. Это имело особое значение для Даниила, поскольку Божий народ Израиль тогда находился под властью Персии. После поражения Персидской империи пришла Греческая империя. За Греческой империей находился другой сатанинский ангел, который назван князем Греции.

Это показывает нам, что земные империи имеют свое отражение в сатанинском царстве. Другими словами, сатана стремится контролировать земные империи через их правителей для того, чтобы сделать их власти и правительства инструментами своей воли. Мы должны молиться за наши правительства, чтобы разрушить замыслы врага и привести наши правительства под небесный контроль.

Вот почему Павел сказал: *«прежде всего»* — прежде больных, миссионеров, евангелистов и даже членов своей семьи — мы должны молиться за правительство. Как мы можем наблюдать, всякий критикующий правительство тем самым свидетельствует о том, что потерпел провал в своей молитве. Он не выполнил своего труда. Он позволил этим темным ангелам окружить здания, где принимаются важные решения, которые оказывают влияние не только на нас, но и на все Царство Божье. Мы не должны попустительствовать таким посягательствам сатаны.

НАШЕ ПОЛОЖЕНИЕ В НЕБЕСАХ

Решающим фактором в этой великой войне с сатаной является лишь одно — молитва верующих. Мы являемся теми, кто склоняет победу на нашу сторону. Это удивительный факт, но Писание ясно свидетельствует о том, что так оно и есть. Наши молитвы не являются чем-то несущественным и стоящим на заднем плане. Они являются решающим фактором во всем духовном конфликте.

Наши молитвы определяют путь, которым движется Вселенная. Не думаю, что такое утверждение является преувеличением. Я верю в буквальную истинность этого. Ничто не огорчает меня больше, чем слова верующих, когда они говорят о том, что они мало что значат. «Все равно, что я скажу или сделаю — это не имеет никакого значения. В сущности, я неважен». Да, это правда, — вы ничего собой не представляете. Но в том-то все и дело, что Бог избрал ничего не значащее для того, чтобы показать Свою мудрость, Свою благодать и Свою силу для всей Вселенной.

Но теперь это означает, что мы уже не малозначительны. Мы приобрели чрезвычайное значение! Вся Вселенная вращается вокруг нас. Я верю в это. Павел написал во 2-м Коринфянам 4:15: *«Ибо все для вас...»* (в других переводах: *«ради вас»* — *примеч. ред.*). Все ради нас по причине наших взаимоотношений с Иисусом Христом и того, что Бог решил сделать через нас для всей Вселенной.

Павел помогает нам понять нашу позицию в духовном конфликте: *«Благословен Бог и Отец Господа нашего Иисуса Христа, благословивший нас во Христе всяким духовным благословением в небесах»* (Ефес. 1:3); *«...воскресив Его из мертвых* (речь идет о воскресении Христа силой Бога Отца) *и посадив одесную Себя на небесах, превыше всякого Начальства, и Власти, и Силы, и Господства, и всякого имени, именуемого не только в сем веке, но и в будущем»* (Ефес. 1:20-21); *«...и нас, мертвых по преступлениям, оживотворил со Христом, — благодатью вы спасены, — и воскресил с Ним, и посадил на небесах во Христе Иисусе, дабы явить в грядущих веках преизобильное богатство благодати Своей в благости к нам во Христе Иисусе»* (Ефес. 2:5-7).

Иисус был превознесен намного выше тех сфер, где находится ставка сатаны и его властных структур. Более того, мы принимаем верой, что в Духе и мы с вами посажены со Христом намного выше сатаны и сферы его деятельности. Физически мы находимся здесь внизу, на земле, но духовно, благодаря отношениям со Христом, мы находимся с Ним: *«..дабы ныне соделалась известною через Церковь начальствам и властям на небесах многоразличная премудрость Божия» (Ефес. 3:10).*

Какое потрясающее утверждение! Церковь — те, кто верит в Иисуса Христа, — является Божьей демонстрацией Его многогранной мудрости на сцене всей Вселенной.

Видите ли, земля не является центром Вселенной, но она является сценой Вселенной. Послание Евреям говорит, что мы окружены огромным облаком свидетелей (см. Евреям 12:1). За нами наблюдают зрители, находящиеся на третьем небе, которые поддерживают нас, и за нами наблюдают со второго неба те, кто настроен против нас. Павел говорит, что мы являемся зрелищем для людей, ангелов, всего мира и всей Вселенной. И Бог намерен показать в нас — таких слабых, ничего не стоящих, немудрых, отверженных — все богатство Его милости, Его благодати и Его мудрости.

Вы знаете, почему Бог избрал нас? Потому что в нас не было ничего, на что можно было бы положиться. Вся слава должна быть отдана Богу. *«...И незнатное мира и уничиженное и ничего не значащее избрал Бог, чтобы упразднить значащее»* (1 Кор. 1:28).

НАШЕ ДУХОВНОЕ ВСЕОРУЖИЕ

Поскольку мы вовлечены в духовную брань против духовного врага, то, несомненно, должны иметь духовное оружие. Плотское оружие абсолютно непригодно для духовной войны. Вы не сможете при помощи танка победить демонов и враждебных ангелов.

Именно об этом пишет Павел: *«Ибо мы, ходя во плоти, не по плоти воинствуем. Оружия воинствования нашего не плотские, но сильные Богом на разрушение твердынь: ими ниспровергаем замыслы...»* (2 Коринф. 10:3-4).

Чьи твердыни и укрепления? — сатанинские. Где находятся его укрепления? — возможно, прямо сейчас они находятся в головах вашего правительства. Возможно, на ключевых местах вашего правительства находятся мужчины и женщины, которые являются проводниками сатанинского противления Божьей воле. Кто обязан разрушить эти твердыни? — мы. И нам было дано оружие. *«Оружия воинствования нашего не плотские, но сильные Богом на разрушение твердынь: ими ниспровергаем замыслы и всякое превозношение, восстающее против познания Божия...»* (стихи 4-5).

Величайшим превозношением, самовольно восставшим против познания Бога, является сатанинское царство в поднебесье. Нам было даровано оружие для ниспровержения сатанинского царства — и именно на нас возложена ответственность делать это. Это оружие было дано в наши руки, а не в руки ангелов, хотя ангелы, несомненно, имеют свое оружие.

Бог обеспечил нас тремя главными видами оружия: (1) Слово Божье, (2) имя Иисуса и (3) кровь Иисуса. Мы запускаем это оружие следующими средствами: молитва, хвала, проповедь и свидетельство. Давайте вкратце рассмотрим это.

Слово Божье

В Послании Ефесянам 6:14-17 Павел перечисляет

духовное всеоружие, которое необходимо христианину как солдату в духовной войне. Первые пять снаряжений являются защитными: *«препоясав чресла ваши истиною и облекшись в броню праведности, и обув ноги в готовность благовествовать мир; а паче всего возьмите щит веры, которым возможете угасить все раскаленные стрелы лукавого; и шлем спасения возьмите...»* Все это служит защитой для нас. У нас нет атакующего снаряжения, пока мы не перейдем к шестому пункту — мечу Духа, которым является Слово Божье.

Это сильнейшее атакующее оружие. Если вы не используете Слово Божье, тогда вы, вероятно, сможете защитить себя, но у вас не будет ничего, чем вы сможете атаковать сатану. Если вы хотите обратить сатану в бегство, если вы хотите убрать его с вашего пути, изгнать его из вашего дома, вашей семьи, вашей работы, если вы не желаете быть терпимым к его козням и желаете выставить его, то вы должны применить атакующее оружие — меч Духа, которым является Слово Божье.

В греческом оригинале использовано слово *«рема»*, которое, как правило, означает *«высказанное слово»*. Другими словами, Библия, просто лежащая на вашей книжной полке или на тумбочке возле кровати, не является эффективным оружием. Когда мы берем Писание в наши уста и смело провозглашаем его, тогда оно становится острым и обоюдоострым мечом.

Обратите также внимание на то, что это меч Святого Духа. Мы можем взять Слово Божье в свои уста, но это будет иметь всю силу только тогда, когда будет управляемо Духом Святым, который действует внутри нас.

Лучшим примером того, как использовать меч Духа, является противостояние между Иисусом и дьяволом во время искушения в пустыне. Сатана трижды приступал к Иисусу с искушениями, и каждый раз Иисус заставлял его отступить одной и той же фразой: *«написано»* (см. Матфея 4). Иисус не использовал никакого другого оружия, кроме *«рема»*, произнесенного (процитированного вслух) слова Божьего.

Бог сделал доступным для каждого христианина то же самое оружие. Однако важно помнить два момента. Во-первых, Иисус уже был исполнен Святым Духом (см. Луки 4:1). Именно Дух Святой, Который спустился на Иисуса, направлял Его в использовании меча. Во-вторых, Иисус — как каждый еврейский мальчик того времени — заучивал наизусть много мест Писания. Когда сатана встал у Него на пути, Ему не надо было доставать симфонию или идти в библиотеку. Писание уже хранилось в Его памяти. Несомненно, сегодня нам необходимо брать пример с жизни и действий Иисуса!

Имя Иисуса

Другим сильным оружием, дарованным нам, является имя Иисуса. Следующие два стиха из Писания дают нам это уникальное понимание, Псалом 8:2-3:

Господи, Боже наш! как величественно имя Твое по всей земле! Слава Твоя простирается превыше небес! Из уст младенцев и грудных детей Ты устроил хвалу, ради врагов Твоих, дабы сделать безмолвным врага и мстителя.

Враг и мститель — это сатана. И Бог дает нам инструмент, при помощи которого мы делаем его безмолвным. Какая хорошая новость! Что является этим оружием? — имя Господа: *«Как величественно имя Твое по всей земле!»*

Каналом, через который высвобождается имя

Господа, являются человеческие уста: *«Из уст младенцев и грудных детей...»*. Духовные вещи находят свое выражение через уста. Это истинно как для добра, так и для зла. Например, посмотрите в Откровение 16:13. Иоанн видел трех нечистых духов, подобных жабам, выходящих из уст дракона, из уст зверя и из уст лжепророка.

Почему в псалме упомянуты уста младенцев и грудных детей? — чтобы показать, что не обязательно быть духовными гигантами. Бог избрал слабое, немудрое, пренебрегаемое, чтобы свести на нет все царство сатаны в поднебесье.

В Евангелии от Матфея мы читаем, как Иисус цитирует и истолковывает этот стих из Псалма 8:3. Фарисеи и начальствующие в Храме пришли к Нему, жалуясь на слишком большой шум в Храме. Люди танцевали, хлопали в ладоши, пели осанну, и это очень огорчало религиозных лидеров. Поэтому они сказали Иисусу: «Разве Ты не слышишь этот шум? Позволительно ли делать такое в Храме? Или Ты не можешь призвать этих людей к порядку?»

Иисус дал им такой ответ: *«Разве вы никогда не читали: из уст младенцев и грудных детей Ты устроил хвалу?»* (Матф. 21:16). (Где Синодальный перевод Псалма 8:3 говорит: *«устроил хвалу»*, дословный перевод звучит так: *«произвел силу»* — примеч. ред.) Итак, Давид пишет: *«...произвел силу»*. А Иисус говорит о *«совершении* (в смысле приведения к совершенству) *хвалы»*. О чем это говорит нам? — Божьему народу предписана сила, которая совершается в хвале. Когда вы совершаете прославление имени Господа, вы делаете безмолвным дьявола.

Видите, мой друг, почему дьявол из-за всех сил стараться удержать нас от прославления Господа? Когда мы совершаем хвалу имени Господа в силе, от всего сердца, в единстве и согласии, это закрывает уста дьяволу. И если есть что-то, чего он не любит, то это когда ему закрывают рот и лишают возможности выражать свою ложь. Поэтому он будет делать все возможное: создавать религиозное давление, общественное давление, страх перед людьми и т.д. — чтобы удержать тебя от высвобождения в молитве и прославлении имени Иисуса.

Бог даровал мне внутреннее видение, когда я время от времени вижу нечто вроде телевизионной картинки групп верующих, которые собираются по всему лицу земли, которые настроены на одну волну, их руки подняты вверх, они прославляют и превозносят имя Господа. Бог показал мне, что когда это произойдет, то духовное иго сил тьмы над тем городом или над тем народом будет разрушено. Это способ избавления от проникновения сатанинских сил и бесов. Воздух над нашими городами, нашими церквями и нашими домами может быть очищен совершаемой в чистоте хвалой.

Кровь Иисуса

Есть многое, чем мне хотелось бы поделиться с вами о крови Иисуса в связи с молитвой — это будет темой нашей следующей главы. Но сейчас мне бы хотелось обратить ваше внимание лишь на один момент. Откровение 12:11 говорит нам: *«Они победили его кровью Агнца и словом свидетельства своего»*.

Кто эти *«они»*? — верующие на земле. Кого *«его»*? — сатану. Мне хотелось бы подчеркнуть тот факт, что конечная победа будет победой не Божьих ангелов, а верующих людей. Это место Писания описывает войну на небесах. Архангел Михаил и его ангелы участвуют в сражении с одной стороны; сатана и его ангелы сражаются с другой стороны. Но верующие побеждают его кровью Агнца и словом свидетельства своего.

Свидетельствуя постоянно о крови Иисуса, они вытесняют сатану из поднебесья. Разве это не великое откровение? Можете ли вы увидеть, мой дорогой друг, почему дьявол будет делать все, чтобы закрыть ваши уста? Конечно, кроме как для сплетен о своих ближних и соседях! Но когда вы желаете прославить Иисуса, произнести Слово Божье или засвидетельствовать, что Господь сделал для вас, тогда враг будет ставить преткновение для ваших уст. Почему? Потому что ты разрушаешь его твердыни и укрепления.

Мы имеем другой пример духовной войны в Ветхом Завете — это история царя Иосафата. В этой битве Божий народ одержал полную победу; их враг потерпел совершенное поражение. Им осталось только собрать трофеи. Мне бы хотелось вкратце рассмотреть стратегию Иосафата, оружие, которое он использовал и то, как он одержал победу. Верю, что каждый из этих принципов и каждое оружие — все они актуальны для нас и сегодня.

Духовная победа

Иосафат был царем Иудеи. Незадолго до этих событий он обратил народ к Богу и восстановил порядок в Храме, религиозную жизнь, священство и судейство согласно закону Моисееву. Он совершил чудесную работу.

После этого он оказался перед лицом вторжения огромных полчищ моавитян, аммонитян, едомлян и т.д., которые приближались к его царству с востока, со стороны Мертвого моря. Иосафат осознавал, что его народ настолько малочислен по сравнению с врагом, который имел превосходство не только в численности, но и в военной мощи, что они не могут дать серьезный отпор врагу на естественном уровне. Поэтому иудейский царь Иосафат и его народ перенесли битву с естественного уровня на сверхъестественный.

Во-первых, Божий народ постился: *«И убоялся Иосафат, и обратил лице свое взыскать Господа, и объявил пост по всей Иудее»* (2 Пар. 20:3).

Перед Божьим народом встал вопрос жизни и смерти. Они перестали «играть в церковь» и обратились к поиску Господа. Это не был личный пост; это был совместный пост всего Божьего народа, который оказался под прямой угрозой военного разгрома и, возможно, полного уничтожения. Они знали, что для Божьего народа последним средством, в котором можно найти защиту, является всеобщий пост.

Во-вторых, они собрались вместе: *«И собрались Иудеи просить помощи у Господа; из всех городов Иудиных пришли они умолять Господа»* (стих 4). Во время всякого большого кризиса в истории Израиля Божий народ откладывал свои разногласия и собирался вместе.

В-третьих, они молились: *«И стал Иосафат в собрании Иудеев и Иерусалимлян в доме Господнем, пред новым двором, и сказал: Господи Боже отцов наших! Не Ты ли Бог на небе? И Ты владычествуешь над всеми царствами народов, и в Твоей руке сила и крепость, и никто не устоит против Тебя! Не Ты ли, Боже наш, изгнал жителей земли сей пред лицем народа Твоего Израиля и отдал ее семени Авраама, друга Твоего, навек?»* (стихи 5-7).

Обратите внимание, что Иосафат не выдумывал ничего. Он молился на основании написанного Слова Божьего, которое он знал. Он цитировал Богу Его же Слово.

Это хороший пример молитвы по Его воле — повторение Богу того, что Он обещал сделать. Иосафат молился именно такого рода молитвой. Он напомнил Богу историю Его народа, которая записана в Священном Писании, закон Моисеев, судей, пророков: «Господь Бог, Ты обещал вот то и вот это.

Исполни же обещанное. Сделай так, как сказал».

Наконец, когда он окончил молитву, пришло пророческое слово: *«Тогда на Иозиила, сына Захарии, сына Ванеи, сына Иеиела, сына Матфании, левита из сынов Асафовых, сошел Дух Господень среди собрания и сказал он: слушайте, все Иудеи и жители Иерусалима и царь Иосафат!...»* (стихи 14-15).

Когда Божий народ постится и соединяется в хвале, там всегда будет пророческое откровение. Я верю, что пророческое служение возникает из общения Божьего народа, который ревностно ищет Его — это не религиозные игры, не развлекательная программа, не христианские кафетерии, не духовные тусовки — но именно отчаянно нуждающиеся сердца пред Богом.

Этот человек выступил с пророчеством и словом мудрости. Вот суть его слов: «Не бойтесь. Это не ваша битва, а Божья. Вам не нужно сражаться. Все, что вам нужно будет сделать — это завтра выйти в определенное место, называемое холмом Циц, и вы увидите, как Бог разобрался с вашими врагами» (см. стихи 15- 17).

Затем они применили последнее оружие — объединенную хвалу: *«И встали левиты из сынов Каафовых и из сынов Кореевых — хвалить Господа Бога Израилева, голосом весьма громким»* (стих 19). Хвала продолжалась и на следующий день: *«И совещался он (Иосафат) с народом, и поставил певцов Господу, чтобы они в благолепии святыни, выступая впереди вооруженных, славословили и говорили: славьте Господа, ибо вовек милость Его!»* (стих 21).

Во главе иудеев шла группа прославляющих и поющих священников. Легко поверю тому, что там не обошлось без танцев. Если я что-то знаю об иудеях, то они не могут долго прославлять и петь без того, чтобы не начать танцевать. *«И в то время, как они стали восклицать и славословить, Господь возбудил несогласие между Аммонитянами, Моавитянами и обитателями горы Сеира, пришедшими на Иудею, и были они поражены...»* (стих 22).

В то время как они продолжали славить, Господь разделался с врагом. О, какое откровение! Вы служите Господу — Он разбирается с вашими проблемами. Если бы Его народ только смог увидеть это! Наши оружия сильные Богом. Мы достигаем Бога и рассекаем это промежуточное небо тьмы, которое находится между нами. Бог простирает руку и касается всяких проблем, с которыми мы сталкиваемся как народ и как личности. Когда мы будем использовать духовное оружие, которое Бог дает нам, Он будет таким же верным для нас сегодня, каким Он был для Иосафата и иудеев.

Каждый враг, который выступил в сражение против них, был уничтожен. Понадобилось три дня для того, чтобы собрать трофеи! Они возвратились в Иерусалим с Иосафатом во главе, прославляя Господа. Страх Господень сошел на все окружающие царства, и во все дни жизни царя иудеи не имели проблем с военной интервенцией врага (см. стихи 25-30).

Верите ли вы, что это возможно сегодня? Верите ли вы, что это возможно для верующих по всему миру? Пусть Господь дарует нам увидеть проблеск Его величия и Его славы. И пусть мы будем молиться до тех пор, пока все духи поднебесья не будут связаны, обузданы и, в конечном итоге, изгнаны.

7
АТОМНОЕ ОРУЖИЕ БОГА — КРОВЬ ИИСУСА

И произошла на небе война: Михаил и Ангелы его воевали против дракона, и дракон и ангелы его воевали против них, но не устояли, и не нашлось уже для них места на небе. И низвержен был великий дракон, древний змий, называемый диаволом и сатаною, обольщающий всю вселенную, низвержен на землю, и ангелы его низвержены с ним.

— *Откровение 12:7-9* —

Книга Откровение описывает войну в небесах. Архангел Михаил и его ангелы сражались против дьявола и его ангелов. Дьявол — древний змий — не смог превозмочь. Он был низвержен с небес на землю, и ангелы его вместе с ним.

Мне известно, что существует много способов толкования книги Откровение. Лично я убежден, что события, описанные в этих стихах, все еще в будущем. Я изучал толкование Откровения с позиции так называемой «исторической школы», стремящейся показать, что исторические события христианской эры (которая продолжается до сих пор) были показаны в символах, прообразах и т.д., но я не могу поверить этому. Насколько я убедился (ради оправдания своей теории и сведения вместе исторических фактов и пророческих описаний книги Откровения), они не точны относительно фактов истории и не точны относительно фактов книги Откровения.

Помните, что слово *«сатана»* буквально означает *«противник»* (тот, кто противится, кто противостоит). Это стало его именем, потому что это его сущность. Сатана противится — сознательно, упрямо и постоянно — исполнению каждой цели всякой милости, благодати и благословений Божьих. И он противится не только Самому Богу, но и народу Божьему. В тот самый момент, когда мы провозглашаем веру в Иисуса Христа, мы оказываемся вовлечены в войну. Это откровение будущих событий несет важное знание о том, как нам, будучи Царством священников, молиться так, чтобы найти волю Божью.

Как уже было сказано, и это стоит повторить, земля не является центром Вселенной, но она является сценой для всей Вселенной. Апостол Павел пишет, что мы стали *«зрелищем»* для Вселенной, для Бога, для людей и ангелов. В настоящее время невидимая реальность окружает нас.

На этой скромной сцене маленькой планеты разворачивается великая финальная драма века сего. Событием, которое поможет завершить эту драму, является низвержение сатаны и его ангелов с неба на землю. Другими словами, Ефесянам 6:12 описывает сегодняшнюю реальность. Мы вовлечены в борцовский поединок с сатанинскими силами — духовными силами нечестия, беззакония и бунта — находящимися на промежуточном небе, в поднебесье. Давайте поближе рассмотрим последние главы этого сценария, чтобы лучше понять наше текущее молитвенное положение.

12-я глава Откровения приоткрывает нам завесу сегодняшних действий нашего врага, о чем каждый из нас должен помнить: «...*низвержен клеветник братий наших, клеветавший на них пред Богом нашим день и ночь*» (стих 10). В настоящее время сатана имеет одну первоочередную задачу, выполнением которой он очень занят. Это обвинение нас с вами («*братий наших*», т.е. верующих) круглосуточно, день и ночь, пред Престолом Божьим. Он выискивает каждую ошибку, каждую слабость, каждый порок, каждый недостаток в нашем характере, мотивах и поведении, и пересказывает это Богу.

Писание ясно свидетельствует о том, что перед своим падением сатана был ангелом высокого уровня. Ему обычно приписывается имя Люцифер, которое означает «несущий свет». В то время, когда он был в правильных взаимоотношениях с Богом, его задачей было докладывать о состоянии этой сферы Вселенной (более подробно этот вопрос рассматривается в книгах «Война в Небесах» и «Люцифер разоблаченный» — *примеч. ред.*). Когда он стал бунтарем и пал, то, как и другие бунтари, которых я знаю, он попытался продолжить свою деятельность, как будто ничего не случилось. Поэтому он по-прежнему продолжает приходить со своими отчетами — крайне беспощадными, критическими, пропитанными желчью и цинизмом.

При этом надо отметить, что он не нуждается в нашей помощи. Мы не должны превратиться в критиков Божьих детей, потому что сатана делает это хорошо и без нас. Более того, не превращайтесь в критика самого себя. Прибегая к самоосуждению, вы вместо дьявола выполняете его работу в своей жизни. Если вы являетесь новым творением во Христе, то критикуя себя, вы критикуете произведение Божьих рук. Это не ваша работа. Не делайте этого!

НАШ ОТВЕТ — В ИИСУСЕ

Сердцевиной нашей битвы против зла является

праведность — все сражение происходит вокруг нее. Благодаря праведности Иисуса Бог сделал так, что дьявол не может ничего предъявить против нас на небесах. *«Ибо не знавшего греха Он сделал для нас жертвою за грех, чтобы мы в Нем сделались праведными пред Богом»* (2 Кор. 5:21).

Вы можете предоставить самый лучший баптистский образ жизни, высочайшие методистские принципы, самую высокую католическую набожность — и сатана сможет разорвать все это в клочья. Но когда вы предъявляете праведность Иисуса Христа, он замолкает и ему нечего сказать.

Вы обнаружите, что можете практически безошибочно оценить свой духовный рост той мерой, в какой вы принимаете по вере праведность Иисуса Христа и облекаетесь в нее. Это великий урок, который мы должны усвоить как дети Божьи. Мы приняты в Возлюбленном не потому, кто есть мы, но благодаря Иисусу. Его слова: *«Ищите же прежде Царства Божия и правды* (праведности) *Его, и это все приложится вам»* (Матф. 6:33) — часто неверно истолковывают. Речь идет о Его праведности, а не о нашей собственной. В Послании Римлянам 10:3 Павел пишет, что иудеи старались утвердить свою собственную праведность. Они не покорились праведности Божьей по вере в Иисуса Христа.

Чтобы принять праведность Иисуса, необходимо облечься в смирение, предварительно сбросив с себя всякий лоскуток своей собственной старой праведности. *«Вся праведность наша — как запачканная одежда»* (Исаия 64:6). Обратите внимание: не наши грехи названы грязными тряпками, а наша праведность. Именно так она выглядит в глазах Божьих. Пока мы рисуемся в своих грязных тряпках нашего церковного членства, наших добрых дел, нашей благочестивой жизни, враг рвет нас в клочья пред Богом.

Но когда мы приходим в то место, где мы не полагаемся ни на что, кроме как на кровь Иисуса Христа и Его праведность, то нет ничего в нас, на что дьявол мог бы указать своим пальцем и в чем обвинить нас пред Богом.

КАК ПОБЕЖДАТЬ САТАНУ

В какой-то момент сатана будет низвергнут с небес. Поднебесье будет очищено. Откровение 12:12-13:

> *Итак веселитесь, небеса и обитающие на них! Горе живущим на земле и на море! потому что к вам сошел диавол в сильной ярости, зная, что немного ему остается времени. Когда же дракон увидел, что низвержен на землю, начал преследовать жену, которая родила младенца мужеского пола.*

Веселитесь, небеса — но берегись, земля! Когда дьявол будет сброшен на землю, он будет знать, что ему осталось очень немного времени. Для меня совершенно ясно, что мы говорим об определенном периоде времени, и дьявол, который изучает пророчества, знает об этом очень хорошо. Сойдя сюда, он будет знать, что у него есть время, времена и полвремени (см. Откр. 12:14). Принято считать, что это означает три с половиной года. Иисус сказал, что эти дни будут сокращены (см. Матф. 24:22), таким образом, это время будет укорочена, по крайней мере, на несколько дней. Дьявол будет связан и заключен в бездну.

Вот с таким предисловием мы изучим более подробно нашу задачу, как молиться, чтобы окончательно низвергнуть дьявола. Откровение 12:10-11:

> *И услышал я громкий голос, говорящий на небе: ныне настало спасение и сила и цар-*

ство Бога нашего и власть Христа Его, потому что низвержен клеветник братий наших, клеветавший на них пред Богом нашим день и ночь. Они победили его кровию Агнца и словом свидетельства своего, и не возлюбили души своей даже до смерти.

Ангелы должны сыграть свою роль, как это было с Даниилом, но в конечном итоге именно верующие, находящиеся на земле, низвергнут сатану с его места в небесных сферах.

Откровение 12:11 говорит нам не только то, что именно верующие победят сатану, но и то, как они сделают это. Давайте снова прочитаем этот стих: «*Они* (т.е. верующие на земле) *победили его* (сатану) *кровию Агнца и словом свидетельства своего, и не возлюбили души своей даже до смерти*».

Эти люди полностью посвящены Богу. Останутся ли они живы или умрут — это не самое важное для них. Для них важно исполнить, совершить Богом назначенную задачу, победить и низвергнуть сатану. Они делают это, используя Божье «атомное оружие»: кровь Агнца и слово свидетельства своего.

Наверное, вам часто доводилось слышать о «призывании крови». Полагаю, что большинство христиан никогда не задумывались глубоко и с Библией в руках, что в действительности означает применять кровь Агнца через слово своего свидетельства. Это значит лично свидетельствовать о том, что, согласно Слову Божьему, кровь Иисуса делает для нас.

Ключевыми являются слова: «*свидетельство*», «*Слово*» и «*кровь*». Вы лично свидетельствуете о том, что Слово Божье — Писание — говорит о том, что кровь Христа делает для вас. Чтобы это действовало, вы должны сделать это личным. Перед кем мы свидетельствуем? — пред сатаной. Это не для верующих, которые собрались для того, чтобы послушать свидетельства. Это когда мы встречаемся лицом к лицу с врагом душ наших. Мы говорим прямо ему, во имя Иисуса и с властью Господа Иисуса Христа, и говорим ему то, что, согласно Слову Божьему, кровь Иисуса делает для нас.

О КРОВИ

В следующей части мы рассмотрим утверждение, которое сделано в Слове Божьем относительно Крови. Чтобы применять Слово Божье, конечно же мы должны знать, о чем оно говорит. На самом деле, всякий продолжающий игнорировать Слово Божье в конечном итоге становится добычей дьявола. Как мы уже видели, Писание говорит, что именно на нас с вами лежит ответственность использовать *«меч духовный, который есть Слово Божье»* (Ефес. 6:17).

Прежде чем мы обратимся к этому утверждению, мне бы хотелось упомянуть одну примечательную иллюстрацию применения крови для освобождения в Ветхом Завете. 12 глава книги Исход посвящена совершению первой Пасхи. Как вы знаете, Пасха была Божьим средством вывода Израиля из египетского рабства. Она упоминается во всем Писании как самая наглядная иллюстрация нашего освобождения от угнетения, тьмы и бедствия рабства у сатаны и греха.

Избавление Израиля из Египта было полностью сосредоточено на пасхальном агнце. На десятый день первого месяца каждое семейство должно было выбрать ягненка. Вечером четырнадцатого дня они должны были заколоть этих ягнят. И наступил момент, когда полностью защитить их могла только кровь агнца, которой были снаружи помазаны косяки каждого еврейского дома. Бог сказал, что когда Он увидит кровь на двери, то пройдет мимо этого дома (слово *«пасха»* буквально означает *«пройти мимо»* — *примеч. ред.*). Губителю не позволено будет войти туда.

Когда агнцы были заколоты, их кровь аккуратно, капля за каплей, собиралась в сосуды. Следующей задачей было поместить ее на косяки дверей. Кровь, находящаяся в сосуде, не защищала никого. Если бы Израиль собрал кровь в сосуды и оставил ее там, то ни один еврейский дом не получил бы защиту. Они должны были перенести кровь из сосуда на косяки дверей.

Бог повелел им использовать только одно орудие для того, чтобы сделать это: Он предписал им взять пучок иссопа (небольшое растение, которое в обилии растет практически по всему Ближнему Востоку) и погрузить его в кровь. Этим пучком иссопа, погруженным в кровь, они должны были окропить притолоку входной двери своего дома и оба косяка. Таким образом, иссоп, несмотря на свое скромное происхождение, стал ключевой составляющей всего плана освобождения.

Обратите внимание также на то, что кровь должна была быть нанесена на притолоку и на косяки — но не на порог. Кровь настолько свята, что мы не должны переступать через нее. Послание Евреям говорит о тех, кто попирает кровь Иисуса (см. Евр. 10:29). Есть много различных версий перевода этого стиха, суть которого такова: неправильное использование крови и применение ее там, где не следует.

Этот ветхозаветный образец применения крови является прообразом нашего спасения во Христе. Павел пишет: *«Пасха наша, Христос, заклан за нас»* (1 Кор. 5:7). Он был убит; Его кровь была пролита. Если продолжать аналогию, то Его кровь сейчас в сосуде. Но кровь, находящаяся в сосуде, ничем не поможет нам. Мы должны перенести кровь из сосуда туда, где находится наша нужда — духовная, физическая, финансовая, семейная, социальная и т.д. О чем бы ни была наша молитва, мы должны взять кровь Иисуса из сосуда и перенести ее туда. Бог предусмотрел средство, при помощи которого мы делаем это.

Конечно же, это не иссоп. Мы переносим кровь из сосуда на двери в нашу жизнь и к нашим личным нуждам. Христос был заклан; Его кровь была пролита. Мы имеем доступ к этому средству защиты. Когда я свидетельствую о том, что, согласно Слову, кровь Иисуса делает для меня, — это подобно иссопу, макаемому в кровь и окропляющему меня.

В этот момент я имею полную защиту и все, что мне по праву принадлежит благодаря крови Иисуса — для меня, моей жизни, моей семьи, моего дома, моего тела, моей ситуации — какой бы ни была моя молитвенная нужда.

Когда мы применяем Кровь, тогда дьявол теряет возможность досаждать нам, ранить нас и вторгаться в наш дом. Он не может преодолеть Кровь.

СЛОВО СВИДЕТЕЛЬСТВА НАШЕГО

Теперь давайте поразмышляем над тем, что Слово Божье говорит о том, что именно кровь Иисуса делает для нас. Мы последовательно разберем несколько мест Писания, и я покажу вам, как применить их в молитве с иссопом вашего личного свидетельства.

Вероятно, вы пожелаете заучить эти стихи наизусть. Если мне придется оказаться в кромешной тьме посреди незнакомой улицы, то я смогу без проблем процитировать каждый из этих стихов. Я живу этими местами Писания; я держу мой иссоп в своей руке. Редкий день проходит без того, чтобы я не использовал его.

Прощенные во Христе

Послание Ефесянам 1:7 говорит нам, что, будучи во Христе, *«мы имеем искупление Кровию Его, прощение грехов, по богатству благодати Его»*.

Помните, если мы находимся вне Христа, то Кровь не поможет нам. Во время Пасхи в Египте кровь не защищала тех, кто был за пределами дома. Здесь мы видим, что во Христе мы имеем искупление и прощение грехов.

«Искупление» означает *«выкуплен назад за ту цену, которая должна быть уплачена»*. Давайте посмотрим на другой стих, который говорит нам, откуда мы выкуплены: *«Так да скажут избавленные Господом, которых избавил* (букв. *«искупил»*) *Он от руки врага...»* (Псалом 107:2). Кстати, это одно из самых сильных мест Писания, учащее нас важности свидетельства. *«Так да скажут избавленные Господом»* — означает взять и использовать иссоп.

Относительно нашего искупления — знаете, где мы находились? — в руках дьявола. У меня нет никаких сомнений по поводу того, что лично я находился в руках дьявола, — но сейчас я уже не в его руках, потому что я был искуплен оттуда. Но если я нуждаюсь в эффективности искупления кровью Иисуса, то должен провозгласить это моими устами.

Итак, вот мое свидетельство, основанное на Ефесянам 1:7:

«Благодаря крови Иисуса я искуплен из рук дьявола».

То же самое место Писания говорит мне, что все мои грехи были прощены, поэтому следующее провозглашение такое:

«Благодаря крови Иисуса все мои грехи прощены».

Принимая условия

Следующее место Писания — 1 Иоанна 1:7: *«если же ходим во свете, подобно как Он во свете, то имеем общение друг с другом, и Кровь Иисуса Христа, Сына Его, очищает нас от всякого греха».*

Глаголы в этом стихе находятся в форме настоящего продолжительного действия, что говорит о продолжающемся процессе. Если мы продолжаем ходить во свете, то продолжаем иметь общение и Кровь продолжает омывать нас. Очищение кровью Иисуса — это не однократное переживание, оно продолжается и сейчас.

Если я принимаю условия — хожу во свете и имею общение с окружающими верующими — тогда я могу смело провозглашать:

«Кровь Иисуса Христа, Сына Божьего, постоянно очищает меня от всякого греха».

Соделаны праведными

Послание Римлянам 5:9 говорит нам, что мы *«оправданы Кровию Его»*. Слово «оправданы» не до конца понятно для многих сегодняшних христиан. *«Правый»*, *«праведный»*, *«справедливый»* и *«оправданный»* — это взаимозаменяемые термины как в еврейском, так и греческих языках, — как в Ветхом, так и в Новом Завете.

Что значит быть *«соделаным праведным»* и *«оправданным»?* — вот мое любимое определение: быть *«оправданным»* — это быть таким, как если бы никогда не грешил. Когда я был соделан праведным праведностью Иисуса Христа — это как если бы я никогда не грешил.

Вот наше следующее провозглашение:

«Благодаря крови Иисуса я оправдан, соделан праведным, как если бы никогда не грешил».

Отделенные

Послание Евреям 13:12 говорит нам, что благодаря крови Иисуса мы освящены: *«то и Иисус, дабы освятить людей Кровию Своею, пострадал вне врат»*. Слово *«освящать»* подобно по форме слову *«оправдывать»*. *«Оправдать»* означает *«сделать правым или праведным»*. *«Освятить»* означает *«сделать отделенным, или святым»*. Соделанный святым — отделен для Бога. Другими словами, когда я отделен для Бога, то не нахожусь на территории дьявола. Я отделен от дьявола кровью Иисуса.

Бог сказал через Моисея фараону, что Он произведет различие в спасении между народом Египта и народом Израиля. Язвы, которые пали на Египет, не поразили Израиль, хотя они находились там, поскольку там было это спасительное различие. В нашей жизни это различие в крови Иисуса.

Никогда не будет воли Бога на то, чтобы Его суд над нечестивыми поразит и праведных. Если я отделен для Бога кровью Иисуса, то Божий суд нечестивых не должен коснуться меня. Я не на той территории, которая подпадает под него.

Вот наше следующее провозглашение:

«Через кровь Иисуса я освящен, соделан святым, отделен для Бога».

Выкупленные

Наше ключевое свидетельство находится в 1-м Коринфянам 6:19-20. Но сначала мне бы хотелось прочесть два других стиха из той же самой главы. Во-первых, стих 13: *«Тело же не для блуда, но для Господа, и Господь для тела»*. Затем, во-вторых, стих 15: *«Разве не знаете, что тела ваши суть члены Христовы?»*

Ваше тело для Господа, и Господь для вашего тела.

Если вы не злоупотребляете своим телом (занимаясь нечистотой или блудом, обжорством, пьянством, курением или другими непотребностями, которые разрушают ткани и клетки), если вы отделили свое тело для Господа, тогда можете сказать: «Мое тело для Господа, и Он для моего тела». Но вы должны убедиться, что ваше тело — для Господа. Сюда мы должны включить и этот маленький неуправляемый член — язык.

Итак, вот основное место Писания. 1 Кор. 6:19-20:

Не знаете ли, что тела ваши суть храм живущего в вас Святого Духа, Которого имеете вы от Бога, и вы не свои? Ибо вы куплены дорогою ценою (ценой бесценной крови Иисуса). *Посему* (из-за цены, которая была заплачена за ваш выкуп) *прославляйте Бога и в телах ваших и в душах ваших, которые суть Божии.*

Господь желает владеть вами; Он заплатил цену Своей драгоценной крови. Если вы хотите удержать свою жизнь для самого себя, — вы можете сделать это, но помните, что в таком случае вы не искуплены. Вы не можете идти двумя дорогами одновременно. Если вы принадлежите Богу, то не принадлежите себе. Если вы принадлежите себе, то не принадлежите Богу.

Когда Иисус умер на кресте, Он заплатил полную цену для всеобъемлющего искупления. Ваше искупление не было частичным; Он искупил вас полностью. Если вы принимаете искупление через Его кровь, тогда ваш дух, ваша душа и ваше тело являются Божьими, потому что Иисус заплатил цену Своей крови, чтобы искупить вас для Себя.

Вот наше следующее свидетельство о крови:

«Мое тело является храмом Святого Духа, — искупленное, очищенное, освященное кро-

вью Иисуса, Благодаря крови Иисуса, сатана не имеет части во мне и никакой власти надо мной».

Сейчас мы можем взять все эти места Писания и соединить их в одно сильное свидетельство, вспоминая знакомую фразу: «Пристегните ремни!» На основании своего опыта могу сказать, что это мощнейший способ разрушения сатанинской силы. Буду удивлен, если враг сможет выстоять после того, как вы делаете это провозглашение в вере.

На самом деле, одно из важнейших служений Святого Духа через Слово — обнаруживать и разрушать дела дьявола. Мне довелось слышать свидетельства многих людей, что их жизнь до крещения Духом Святым была намного спокойнее. Это не удивительно, потому что Святой Дух заставляет врага проявиться для того, чтобы вы могли выгнать его.

Итак, вот наши провозглашения, с помощью которых мы применяем кровь Иисуса в нашей жизни:

- Ефесянам 1:7: **Благодаря крови Иисуса я искуплен из рук дьявола.**
- Ефесянам 1:7: **Благодаря крови Иисуса все мои грехи прощены.**
- 1 Иоанна 1:7: **Кровь Иисуса Христа, Сына Божьего, постоянно очищает меня от всякого греха.**
- Римлянам 5:9: **Благодаря крови Иисуса я оправдан, соделан праведным, как если бы никогда не грешил.**
- Евреям 13:12: **Благодаря крови Иисуса я освящен, соделан святым, отделен для Бога.**
- 1 Коринфянам 6:19-20: **Мое тело является храмом Святого Духа, искупленным, очищенным, освященным кровью Иисуса. По-**

тому, благодаря крови Иисуса, сатана не имеет ни части во мне, ни власти надо мной.

Если вы действительно верите этим словам, то следующее, что вы сделаете — прославите Господа за это. Вот слова благодарности, которые вы можете использовать:

Благодарю Тебя, Боже, за драгоценную кровь Иисуса. Благодарю за спасительную кровь Христа. Благодарю Тебя за оправдание и освящение драгоценной кровью Агнца Божьего. Да будет благословенно имя Господне. Превозношу Тебя, Иисус, за то, что Ты заплатил цену моего искупления. Ты пролил Свою драгоценную кровь на Кресте. Ты — Агнец, закланный от создания мира. И сейчас, Господи, я беру иссопом свидетельства Кровь из сосуда и переношу ее в мою собственную жизнь, применяя ее к моим нуждам. Аминь.

ТРИ СВИДЕТЕЛЯ

Позвольте обратить ваше внимание еще на одно место Писания. Вот что написано об Иисусе в 1-ом Иоанна 5:6,8:

Сей есть Иисус Христос, пришедший водою и кровию и Духом, не водою только, но водою и кровию, и Дух свидетельствует о Нем, потому что Дух есть истина... три свидетельствуют на земле: дух, вода и кровь; и сии три об одном.

Здесь сказано о трех свидетелях. Во времена Иоанна для подтверждения, которое считалось законно обоснованным, требовалось два свидетеля. Наличие третьего свидетеля делало подтверждение крепче. Вот три свидетеля: вода, кровь и Святой Дух.

Иисус пришел водой и кровью. В данном случае вода — это очищающее Слово. Иисус сказал Своим последователям: *«Вы уже очищены через слово, которое Я проповедал вам»* (Иоан. 15:3).

После того как Он пролил Свою кровь. Его дальнейшей целью стало освящение и очищение Своей Невесты. В Ефесянам 5:25-27 сказано, что Христос искупил Церковь Своей кровью, чтобы освятить и очистить ее омытием чистой водой Слова. Таким образом Он готовит Свою Невесту ко встрече с Собой.

Затем, Дух Святой — Он несет свидетельство, потому что является Духом истины. Итак, Дух, вода Слова и пролитая на Кресте Кровь свидетельствуют об одном.

Когда мы в нашей жизни приходим в это место согласия между тремя Божественными свидетелями, то побеждаем сатану. Наше свидетельство истинно; оно применяет Слово, чтобы свидетельствовать о Крови. И когда Дух подтверждает свидетельство, тогда оно высвобождает настоящую силу.

Другими словами, в христианской жизни нет ничего, что является просто набором правил и слов. Спасение — это не формула и не безликий метод. Исцеление — это не формула и не набор инструкций. Освобождение от злых духов — это не формула и не методика. Всякий пытающийся свести что-либо из вышеперечисленного к набору правил, теряет суть. Цель всего этого следующая: когда мы используем воду Слова, когда применяем Кровь в нашем свидетельстве и когда Дух Святой подтверждает свидетельство, тогда небеса открываются и они спускаются на землю.

Вот в какое место мы должны попасть, если стремимся получить те результаты молитв, в которых мы с вами нуждаемся. Предлагаю вам еще раз взглянуть на наше свидетельств о (сейчас без ссылок на места Писания) и повеление в конце свидетельства. Пусть

Дух Святой несет свидетельство.

Благодаря крови Иисуса я искуплен из рук дьявола. Благодаря крови Иисуса все мои грехи прощены. Кровь Иисуса Христа, Сына Божьего, постоянно очищает меня от всякого греха. Благодаря крови Иисуса я оправдан, соделан праведным, как если бы никогда не грешил. Благодаря крови Иисуса я освящен, соделан святым, отделен для Бога. Мое тело является храмом Святого Духа, искупленным, очищенным, освященным кровью Иисуса. Поэтому, благодаря крови Иисуса, сатана не имеет ни части во мне, ни власти надо мной. Я отрекаюсь от сатаны, освобождаюсь от него и повелеваю ему оставить меня, во имя Иисуса. Аминь.

8

ПОСТ — НАШ ОТКЛИК НА БОЖЬИ ЦЕЛИ

Назначьте пост, объявите торжественное собрание, ... и взывайте к Господу.

— *Иоиль 1:14* —

На протяжении этой книги мы еще раз убеждались в том, что Бог желает отвечать на наши молитвы. Если мы просим по воле Божьей, принимая все условия, то наши молитвы будут отвечены. Мы также знаем о том, что враг пытается воспрепятствовать нам. Мы обязаны «промаливать» нужду до тех пор, пока не придет ответ.

Предположим, например, что Бог сказал, что Его воля в том, чтобы исцелить нас. Если Он дал вам обетование исцеления, значит не время сидеть и говорить: «Я оставляю это Богу. Если будет Его воля, то Он исцелит меня Сам». Это настолько далеко от нашего сообразования с Богом, насколько мы только можем быть.

Соответствующая реакция должна быть следующей: «Боже, Ты дал обещание. Благодарю Тебя за это. Я буду искать Тебя от всего сердца для исполнения обещанного Тобой».

Вот молитва, которую Бог желает услышать от нас, когда Он движется в исполнении обетований Своей благодати для Своего народа. Он желает, чтобы мы искали Его даже тогда, когда Он сказал нам, что Он планирует сделать. Это истинно не только для личных просьб, но и для обетований, которые относятся к народам и ко всему миру.

В этой главе мы посмотрим на обетование Божье, которое касается верующих. Что Бог желает сделать для Своего народа в эти последние дни? И что нам следует сделать в ответ на это? Писание дает ответ на оба эти вопроса.

НАДЛЕЖАЩАЯ РЕАКЦИЯ

Давайте начнем с пророческого места Писания об Израиле, которое в дальнейшем поможет нам понять, какой реакции ожидает Бог в ответ на объявление Своих намерений. Это пророчество, записанное в Книге пророка Иезекииля, касается национального восстановления Израиля, и оно соответствует Божьим целям для Церкви. В действительности, многое в естественном восстановлении Израиля (смоковницы) является образцом и прообразом для духовного восстановления Церкви (виноградной лозы).

В конце 36-й главы Книги пророка Иезекииля находится Божье обетование восстановить народ Израиля на их собственной земле и в их наследии. Наверное, одним из величайших объективных подтверждений актуальности и достоверности Библии является тот факт, что сегодня Бог возрождает Израиль на их собственной земле. Если бы сейчас, после многих веков рассеяния по всему миру, не было никакого народа Израиля и не было восстановления народа Израиля в его земле, мы могли бы взять свою Библию и выбросить ее, как не имеющую никакой ценности книгу, потому что вся Библия утверждает этот факт.

Прочитав с 24 по 30 стих, мы обнаружим, что в

этих семи стихах Бог более десяти раз говорит, что Он сделает определенные вещи для дома Израиля, — все это ради святого имени Своего (см. стих 22). Другими словами, Божье вмешательство будет вызвано вовсе не заслугами Израиля, но Божьей верностью Своим обещаниям и заботой о славе Своего имени. Давайте прочитаем два первых стиха из этого отрывка. Иезекииля 36:24-25:

> *И возьму вас из народов, и соберу вас из всех стран, и приведу вас в землю вашу. И окроплю вас чистою водою, и вы очиститесь от всех скверн ваших, и от всех идолов ваших очищу вас.*

Бог говорит здесь об определенных действиях, которые Он собирается предпринять. Четыре раза Он говорит: «Я сделаю это» и «Я сделаю то». Но это еще не все, обратите внимание на Его слова в конце этого великого пророчества, стих 37:

> *Так говорит Господь Бог: вот, еще и в том явлю милость Мою дому Израилеву, умножу их людьми как стадо.*

Еврейская фраза, которая переведена здесь как *«явлю милость»* означает *«позволить им искать Бога с великой ревностью»*. Хотя Бог уже открыл Свои планы, тем не менее Он хочет, чтобы Его народ ревностно искал Его. Я нахожу здесь принцип Божьих действий и отношений с Его молящимся народом: предопределенная Богом цель вызывает добровольный ответ человека согласно Божьему предузнанию.

Он говорит, по сути, следующее: «Когда вы видите, что Я простираю Свою руку на исполнение обетований, то ожидаю вашего ответа. Я жду, что вы по своей свободной воле, в смирении обратитесь ко Мне и будете ревностно искать Меня в молитве, дабы было завершено обещанное Мной, началу чего вы стали свидетелями».

Другими словами, когда Бог в Своей благодати начинает действовать на стороне Своего народа, исполняя пророчества и откровения Своего Слова, и когда Божий народ видит исполнение этих пророчеств, мы не должны сидеть сложа руки, говоря: «Как здорово! Полюбуйтесь, что делает Бог!» Это неверная реакция. Ответ должен быть таким: «Бог действует за нас. Давайте искать Его от всего сердца, чтобы Он исполнил то доброе, что Он пообещал». Как мы убедились в 6 главе, когда исход битвы предрешен, тогда приходит время танцевать. Приходит время собирать трофеи. Но до тех пор знание Божьей воли должно побуждать нас переходить на новый уровень духовной ревности.

БОЖЬЯ ЦЕЛЬ ДЛЯ ЕГО ЦЕРКВИ

Теперь давайте зададимся важным вопросом: что является Божьей целью для нас, для Тела Иисуса Христа? Что Бог открывает о Своих будущих действиях? Что, как мы видим, Он делает прямо сейчас?

Два места Писания дают нам ответ. Во-первых, в Деяниях 2:17 записано то, что Бог решил сделать для Своего народа в последние дни. Здесь сказано: *«И будет в последние дни, говорит Бог, излию от Духа Моего на всякую плоть, и будут пророчествовать сыны ваши и дочери ваши; и юноши ваши будут видеть видения, и старцы ваши сновидениями вразумляемы будут»*.

Благодарение Богу, что Он не сказал: «Я изолью Мой Дух, если будет единство между церквами», «теологическое согласие» или «разрешение епископов», — иначе этого бы не случилось никогда. Бог говорит: «Не имеет значения, что произойдет, Я собираюсь сделать следующее. Это Моя суверенная благодать. Это предопределенное Мной действие, которое Я совершу для Своего народа. Я изолью Мой Дух на всякую плоть. Ваши сыновья и дочери будут пророчествовать. Ваши молодые люди будут видеть видения. Вашим пожилым людям будут сниться сны».

Когда Петр цитировал это пророчество из Книги Иоиля в День Пятидесятницы, то он связал его напрямую с восстановлением Божьего народа в последние дни. Полагаю, что если мы заглянем в Иоиля 2:25, то найдем ключевое слово для описания того, что Бог делает в этом излиянии Своего Святого Духа: *«И воздам вам* (букв. «восстановлю вам» — *примеч. ред.*) *за те годы, которые пожирали саранча, черви, жуки и гусеница, великое войско Мое, которое послал Я на вас»*. Ключевым является слово «восстановлю» — это национальное восстановление Израиля и духовное восстановление Церкви. Божья цель в настоящее время, как открывает нам Писание, — это восстановление Его народа через излияние Духа. Деяния 2:17 говорят: *«Я изолью Моего Духа»*. Иоиля 2:25 говорит: *«Я восстановлю»*.

В последние десятилетия мы видели это исполняющимся по всему миру. И мы наблюдаем это вовсе не потому, что появились чудесные проповедники или прекрасные Библейские учителя. Никакие люди не могут приписать себе славу за это. Это Божья верность Его Слову, что Он изольет Свой Дух на всякую плоть. В последние дни все человечество, без исключения, увидит это излияние Святого Духа.

Бог сказал Израилю: «Я соберу тебя от язычников, Я помещу тебя на твою землю, окроплю тебя чистой водой, очищу тебя от всех твоих грехов и всех твоих идолов и нечистот». Бог говорит о Церкви: «Я изолью Свой Дух на всю Церковь. Произойдет потрясающее сверхъестественное посещение».

Мы видим это сбывающимся. Поэтому возникает

следующий вопрос: Какой будет наша реакция на это великое движение Божье?

ОБРАЩЕНИЕ ВСЕМ СЕРДЦЕМ

Давайте еще раз заглянем в Книгу пророка Иоиля. План этой пророческой книги прост: разорение, восстановление, суд. Речь идет о том, что Бог ожидает от Своего народа, чтобы от вышел из разрухи и вошел в восстановление. Он говорит: *«Назначьте пост, объявите торжественное собрание, созовите старцев и всех жителей страны сей в дом Господа Бога вашего, и взывайте к Господу»* (Иоиля 1:14).

Призыв *«взывать к Господу»* говорит об отчаянной ходатайственной молитве. Соберите народ Божий в дом Божий и затем взывайте к Господу. Далее, соедините пост с молитвой — не с личной молитвой в тайной комнате, но с совместной и открытой.

В Иоиля 2:12 сказано: *«Но и ныне еще говорит Господь: обратитесь ко Мне всем сердцем своим в посте, плаче и рыдании»*. И затем, в стихах с 15 по 17, мы читаем: *«Вострубите трубою на Сионе, назначьте (освятите) пост и объявите торжественное собрание. Соберите народ, созовите собрание, пригласите старцев, соберите отроков и грудных младенцев; пусть выйдет жених из чертога своего и невеста из своей горницы. Между притвором и жертвенником да плачут священники, служители Господни…»*

Возвещение трубой — это публичное провозглашение. Трубный сигнал всегда служил для предупреждения и сбора Божьего народа. Обратите внимание, что при этом призыве делается особое ударение на лидерах: старейшинах, служителях и священниках.

Сегодня в Церкви есть одна сфера, в которой

каждому, называющему себя лидером, надлежало бы быть впереди. Один духовный лидер, которого я хорошо знаю, сказал мне: «Честно говоря, я должен бежать, чтоб не отстать от людей, которых я должен был бы вести». Хотелось бы бросить вызов: если ты лидер, то тебе следует быть ведущим. Быть лидером означает «идти впереди». Иначе простые люди, которые имеют ревность, будут идти впереди своих официальных лидеров. Когда этот призыв к посту приходит из Слова Божьего, тогда на священников, служителей и лидеров ложится ответственность проявить инициативу и показать настоящее лидерство.

В Иоиля 2:28 дано обетование восстановления: *«И будет после того, излию от Духа Моего на всякую плоть, и будут пророчествовать сыны ваши и дочери ваши; старцам вашим будут сниться сны, и юноши ваши будут видеть видения»*. Там, где Иоиль говорит *«после того»*, Петр говорит *«в последние дни»*. Такое уточнение к пророчеству допустимо, потому что Петр сделал это под помазанием Святого Духа (см. Деян. 2:4,17). Но я хочу сказать вам, что слова Петра «в последние дни», не отменяют слова Иоиля: «после того».

Слова «после того» побуждают нас к тому, чтобы еще раз обратиться к пророчествам Иоиля. Каждый раз, когда мы встречаем слова: *«после того»*, *«поэтому»*, *«итак»*, нам следует задаться вопросом: после чего? почему? как? В данном случае ответ такой: после того, как мы сделаем то, что Бог говорит нам. А что же Бог говорит нам сделать? Посвятить время посту. Созвать торжественное собрание. Обратиться к Нему от всего нашего сердца в посте, плаче и сетовании. После этого, говорит Бог, Он изольет Свой Дух на всякую плоть.

Все, что мы видели до сих пор в излиянии Божьего Духа — лишь брызги в сравнении с тем, что Бог обещает сделать. Мы наблюдаем Его движение. Мы знаем, что пробил час. Теперь время нашего отклика. Пришло время нам начать движение и присоединиться к тому, что Он собирается делать, чтобы Его намерения могли осуществиться полностью.

Как мы можем войти в Божьи планы? Хочу сказать вам, что Бог вновь призывает Свой народ к молитве и посту, и делает на этом особое ударение. Мы уже несколько раз в разных главах этой книги упоминали пост. Мы знаем, что это означает сознательный отказ от пищи ради достижения духовных целей. Пост — это неотъемлемая часть Божьего оснащения для Его народа. Это неотъемлемая часть нашей духовной дисциплины. Пост является не только открытой волей Божьей для каждого, кто называет себя христианином, но, в частности, является волей Божьей для нас в это время излияния Божьего Духа.

Давайте рассмотрим, как пост связан с темой восстановления.

ДВА ВИДА ПОСТА

Пост особым образом связан с трудом восстановления. Великая глава из Ветхого Завета, посвященная посту — 58-я глава Книги пророка Исаии — говорит о двух видах поста. Один пост не вызывает действия руки Божьей, в то время как другой делает это.

В стихах с 3 по 5 описывается пост, который неугоден Богу. Причиной этому является то, что мотивы и отношения людей, которые постятся, являются неправильными. Они сварливы, жадны, эгоистичны, придирчивы, имеют законническое и осуждающее отношение. Бог говорит, что если мы постимся с таким отношением и в таком духе, то не можем ожидать от Него, что Он услышит нас и ответит на нашу молитву.

В стихах с 6 по 12 описывается пост, которого Он ожидает. По мере того, как мы будем вкратце рассматривать каждый стих, обратите внимание на количество обетований, которое связано с такого рода постом — постом, угодным Богу. Я не знаю ни одного места в Библии, которое содержало бы сжатый список таких потрясающих обетований.

Исаия 58:6: *«Вот пост, который Я избрал: разреши оковы неправды, развяжи узы ярма, и угнетенных отпусти на свободу, и расторгни всякое ярмо».* Обратите внимание, что мотивы поста должны быть правильными. Относительно *«угнетенных отпусти на свободу»* скажу вам на основании многолетнего опыта служения освобождения от бесов, что есть люди, которые не освободятся до тех пор, пока Божий народ — и в первую очередь, Божьи служители — не будут согласны заплатить цену поста и молитвы.

Стих 7: *«...раздели с голодным хлеб твой, и скитающихся бедных введи в дом; когда увидишь нагого, одень его, и от единокровного твоего не укрывайся».*
Пост должен сочетаться с искренней практической благотворительностью по отношению к тем, кто находится в нужде. Некоторые евангельские христиане настолько евангельские, что забывают, что Евангелие включает в себя любовь к ближнему, как к самому себе. Вот такого очень практического проявления любви Бог ожидает от нас. Он говорит, что если наши мотивы и взаимоотношения правильные, тогда Он скажет нам об этом посте, что Он Его избрал, и что такой пост принесет нам.

Стих 8 говорит: *«Тогда откроется, как заря, свет твой, и исцеление твое скоро возрастет, и правда твоя пойдет пред тобою, и слава Господня будет сопровождать тебя».* Записанное в этом стихе обетование близко к обетованию из Книги пророка Малахии 4:2: *«А для вас, благоговеющие пред именем Моим, взойдет Солнце правды и исцеление в лучах Его».* Это относится к тому же самому периоду — к последнему времени, во дни которого мы живем. Для нас, кто благоговеет пред именем Божьим (букв. *«боится имени Божьего» — примеч. ред.*), восходит Солнце правды (праведности) и исцеление в лучах Его.

Суть обетования Исаии 58:8 — это свет, праведность, исцеление. Иисус, Солнце правды, восходит для того, чтобы принести праведность для души и исцеление для тела. Бог обещает, что когда мы начнем поститься и надлежащим образом искать Его с правильными мотивами, тогда придет свет, праведность и исцеление.

Стих 9: *«Тогда ты воззовешь, и Господь услышит; возопиешь, и Он скажет: «вот Я!»»* — Бог будет рядом, отвечая на твои молитвы и находясь плечом к плечу с тобой.

Далее в том же стихе Бог предупреждает нас, что неправильные отношения могут испортить это. Он говорит: *«Когда ты удалишь из среды твоей ярмо, перестанешь поднимать перст и говорить оскорбительное».* Мы можем суммировать это тремя фразами. *«Ярмо»* — это законничество. *«Поднимать перст»* — это критицизм. *«Говорить оскорбительное»* (букв. *«лживое, пустое, обманчивое, нечестивое»*) — это неискренность, лицемерие, фальшь. Если мы удалим законничество, критицизм по отношению к другим и лицемерие, тогда Бог говорит, что Он готов слушать нас.

Стих 10: *«...и отдашь голодному душу твою и напитаешь душу страдальца: тогда свет твой взойдет во тьме, и мрак твой будет как полдень».* Когда мы видим необходимость в практическом благотворении, тогда вместо сгустившейся тьмы начинает сиять свет.

Стих 11: *«...и будет Господь вождем твоим всегда, и во время засухи будет насыщать душу твою и утучнять кости твои, и ты будешь, как напоенный водою сад и как источник, которого воды никогда не иссякают».*

Всякий раз, читая это место Писания, я хочу знать, как получить обещанное здесь. Что-то во мне говорит: «Господь, покажи мне путь туда».

Путь начинается с 6 стиха: *«Вот пост, который Я избрал».* Когда мы постимся так, как сказано здесь, тогда можем ожидать водительства и защиты, а также иметь позитивную и ясную уверенность в Божьем присутствии и водительстве в каждой ситуации. Не имеет значения, насколько высохшим может быть все вокруг вас, вы найдете чистый и полноводный источник для своей души.

Время от времени мне приходилось бывать и жить в засушливых местах. Там очень легко отличить сады, которые поливают их хозяева, от садов, владельцы которых не делают полива. Разница разительная. Таким же образом и люди, которые принимают Божьи условия, будут как напоенный водою сад, даже когда все вокруг станут высохшими, увядшими и истощенными.

Наконец, мы приходим к обетованию, которое венчает все эти обетования Божьи. В стихе 12 мы находим обетование о восстановлении: *«И застроятся [потомками] твоими пустыни вековые»* (слово «потомками» взято в скобки, потому что его нет в оригинальном тексте; большинство переводов говорят: *«твои люди (народ) отстроят и восставят старые развалины»* — примеч. ред.).

Знаете ли вы, что в Церкви есть множество вековых пустырей, которые нуждаются в застройке? *«Ты восстановишь основания многих поколений».*

Я произвел краткое изучение мужей, которые были движимы Богом, и тех, кто оставил след в истории Церкви. Они заложили основания для многих поколений, потому что их служение продолжалось после их жизни. Если вы обратитесь к биографии великих евангелистов последних веков — Джон Нокс, Джон Кальвин, Мартин Лютер, Джон Уэсли, Чарльз Финней — то каждый из них, согласно их собственному свидетельству, практиковал пост. Если вы желаете заложить фундамент для многих поколений, то это сопровождается постом.

Наконец, последнее обетование в 12 стихе: *«и будут называть тебя восстановителем развалин* (проломов), *возобновителем путей для населения».* Есть множество проломов в наследии Божьего народа, которые необходимо заделать. Давайте вспомним, что Бог сказал в Книге пророка Иезекииля 22:30: *«Искал Я у них человека, который поставил бы стену и стал бы предо Мною в проломе за сию землю, чтобы Я не погубил ее, но не нашел».* Ходатайственная молитва и пост — это возведение стены и заделывание пролома. Именно так мы становимся восстановителями развалин.

В писаниях Ветхого Завета мы находим великий пример восстановления — это возвращение Божьего народа из Вавилонского плена в его собственную землю и восстановление Божьего Храма в Иерусалиме. Мы должны рассматривать это параллельно с жизнью Даниила. Давайте исследуем жизнь двух мужчин и одной женщины, которые приняли участие в этом великом процессе. Перечислим их в хронологическом порядке: Ездра, Неемия и Есфирь. Каждый из них практиковал пост.

Ездра

Чтобы открыть Книгу Ездры, мы будем возвращаться назад в нашей Библии, однако по времени это будет движение вперед. Ездра возглавлял часть иудеев, возвращающихся из Вавилона в Иерусалим. Им предстояло предпринять длительное (на протяжении нескольких месяцев) путешествие через дикую местность, наполненную бандитами и враждебно настроенными племенами. Вместе с ними были их жены, дети, и — что, пожалуй, еще важнее для ортодоксальных иудеев — все священные сосуды Храма, которые были захвачены и увезены в Вавилон.

Если вы о чем-то свидетельствуете людям, то впоследствии вам надо жить согласно вашему свидетельству. Это еще одна хорошая причина для того, чтобы свидетельствовать. Ездра ранее дерзновенно сказал царю: «Наш Бог заботиться о Своих слугах. На Него можно положиться в любых обстоятельствах, опасностях, чрезвычайных ситуациях». И вот теперь они были на пороге своего опасного путешествия. Ездра посчитал, что он не может вернуться к царю и сказать, что они боятся и просят солдат и всадников для сопровождения. Это разрушило бы его свидетельство. Что же им делать?

Ездра оказался перед выбором: избрать плотской путь или духовный. Пойти по плоти — значит положиться на солдат и всадников охраны, но он отрезал себе такую возможность. Ему оставался один путь — духовный. Что подразумевает духовный путь? Пост и молитву. Ездра 8:21-23:

И провозгласил я там пост у реки Агавы, чтобы смириться нам пред лицем Бога нашего, просить у Него благополучного пути для себя и для детей наших и для всего имущества нашего, так как мне стыдно было просить у царя войска и всадников для охранения нашего от врага на пути, ибо мы, говоря с царем, сказали: рука Бога нашего для всех прибегающих к Нему есть благодеющая, а на всех оставляющих Его — могущество Его и гнев Его! Итак мы постились и просили Бога нашего о сем, и Он услышал нас.

Бог услышал их молитву. Сила молитвы и поста связала всех грабителей, всех разбойников, все враждебно настроенные племена, всякого рода болезни и заразу, которые поджидали их на пути. Они преодолели этот путь в мире и безопасности, не потеряв ни одного своего спутника и в сохранности доставив в Иерусалим драгоценные сосуды Храма.

Это один из величайших уроков Библии. Если вы победили в духовной сфере, то у вас есть победа, и на этом точка. Вот почему Библия является настолько актуальной книгой. Все ищут ответы для политических, социальных и экономических проблем. Если народ, благодаря молитве и посту, одержит победу в духовной сфере, то все станет на свои места в человеческой реальности. Одержав победу, например, в духовной сфере над Вашингтоном, вы сможете наблюдать, как в экономической, политической и социальной сфере все становится на свои места.

Неемия

Следующим человеком в этом процессе восстановления был Неемия, именем которого названа следующая книга в Библии. Неемия беседовал с некоторыми своими братьями, которые пришли из Иудеи: *«И сказали они мне: оставшиеся, которые остались от плена, находятся там, в стране своей, в великом бедствии и в уничижении; и стена Иерусалима разрушена, и ворота его сожжены огнем»* (Неемия 1:3). Ответная реакция Неемии на это известие описана в следующем стихе: *«Услышав эти слова, я сел и заплакал, и печален был несколько дней, и постился и молился пред Богом небесным».*

Неемия выучил урок. Путь был закрыт, ситуация была безнадежной. Неемия начал поститься и молиться, и Бог открыл путь. Бог не только открыл путь для Неемии, но также расположил царя передать ему полноту власти и все необходимое для восстановления Иерусалима. Все это совершилось благодаря молитве и посту.

Есфирь

Теперь давайте обратимся к четвертой главе Книги Есфирь. Там описан самый серьезный кризис, с которым встретился еврейский народ за всю свою историю, вплоть до сегодняшнего дня. Даже во времена правления Адольфа Гитлера еврейский народ не был так близок к своему полному истреблению. В руках Гитлера была лишь третья часть всех евреев, в то время как Персидский император имел в своем распоряжении весь еврейский народ.

Злобный человек по имени Аман, который был высшим должностным лицом при императоре, будучи вдохновлен сатаной, смог получить от царя возможность издать указ, согласно которому все евреи во всех областях Персидского царства в определенный день должны быть убиты.

Именно из Книги Есфирь берет начало еврейский праздник Пурим, что означает «жребий». Этот праздник назван так по той причине, что Аман бросал жребий, для того чтобы узнать лучший день для истребления евреев. Тот факт, что он бросал жребий, свидетельствует о том, что он искал духовный подход к этому, он искал сверхъестественное водительство. Сказано также, что у него были *свои мудрецы* (Есф. 6:13) — это волхвы, чародеи, с которыми он советовался. Это тот путь, который очень часто избирают нечестивые люди, когда осознают, что им необходимо нечто большее, чем естественная мудрость. Они прибегают к сатанинской сверхъестественной сфере за помощью и советом.

Это было духовное противостояние между силами света и силами тьмы, между силой Святого Духа и силой сатаны. Обе стороны имели на сцене развивающихся событий своих представителей и своих действующих лиц. Ответом на сверхъестественную сатанинскую силу, активизированную Аманом, была сверхъестественная сила Божья, активизированная Есфирью. Когда Есфирь услышала тревожную новость, она сказала своему дяде Мардохею: *«Пойди, собери всех Иудеев, находящихся в Сузах, и поститесь ради меня, и не ешьте и не пейте три дня, ни днем, ни ночью, и я со служанками моими буду также поститься и потом пойду к царю, хотя это против закона, и если погибнуть — погибну»* (Есфирь 4:16).

На четвертый день Есфирь облачилась в свои царские одежды, вошла на царский двор и нашла благоволение в глазах царя. Он простер свой золотой скипетр и сказал: *«Что тебе, царица Есфирь, и какая просьба твоя?»* Запланированное истребление Божьего народа превратилось в их величайший триумф, записанный в летописях Персидской империи. Израиль был спасен, а Аман был повешен. Благодаря какому влиянию изменилась ситуация — политическому или военному? Благодаря молитве и посту Есфири, ее служанок и всех евреев.

ЧЕТЫРЕ ПРИНЦИПА ПОСТА

Слово Божье показывает нам несколько базовых принципов, связанных с постом. Вот четыре: самоотречение, смирение, правильные приоритеты и упование на Бога. Давайте уделим каждому из них немного внимания.

Самоотречение

Иисус сказал (Матфея 16:24): *«Если кто хочет идти за Мною, отвергнись себя, и возьми крест свой, и следуй за Мною»*. Пост — это отречение своего ветхого бунтарского эго. Отречься, говоря проще, — это сказать «нет». Ваш желудок требует: «Хочу!», — а вы говорите своему желудку: «Ты не будешь диктовать, что мне делать!»

Павел пишет в 1 Коринфянам 9:27: *«...но усмиряю и порабощаю тело мое, дабы, проповедуя другим, самому не остаться недостойным (дисквалифицированным, негодным)»*.

Он говорит, что стремящиеся к спортивному мастерству практикуют воздержание и дисциплину во всем (см. 25 стих). Насколько более ответственными должны быть мы, стремящиеся к духовной плодотворности и эффективности? Профессиональный спортсмен внимателен к тому, что он ест, сколько он спит. Он даже следит за своим психологическим и ментальным настроем, потому что от этого зависят его будущие успехи. Насколько более мы, как христиане должны быть уверены, что наши тела находятся под контролем!

Однажды Господь сказал мне: «Если ты желаешь двигаться вперед, то есть два условия. Во-первых, всякое движение вперед происходит по вере. Если ты не желаешь двигаться в вере, то ты не сможешь продвинуться вперед. Во-вторых, чтобы исполнить служение, которое Я имею для тебя, тебе необходимо сильное и здоровое тело. А ты уже набрал избыточный вес; тебе лучше следить за этим».

Вот дословно то, что Бог проговорил мне. Поверьте, на протяжении всех прошедших после этого лет я все более и более убеждался, что нуждаюсь в сильном и здоровом теле. Я стараюсь делать все, что в моих силах, чтобы держать себя в форме — духовно, психически и физически, — все это ради того, что для меня важнее всего остального: ради исполнения Божьего призвания в своей жизни.

Смирение

Пост — это смирение себя самого. Мы уже упоминали о смирении, читая 2 Паралипоменон 7:14: *«...и смирится народ Мой, который именуется именем Моим, и будут молиться, и взыщут лица Моего, и обратятся от худых путей своих, то Я услышу с неба и прощу грехи их и исцелю землю их».*

Как мы смиряем себя? Давид написал об этом в двух псалмах: Псалом 34:13 и 68:11. В каждом случае он говорит: *«Я смирял душу свою постом».* Некоторые молятся: «Боже, сделай меня смиренным», — но это не духовная молитва. Бог говорит: «Смири себя»: Он может начать смирять тебя, и, возможно, Ему придется это делать. Но единственная личность, кто может сделать вас смиренными, — это вы сами. И хорошим способом смирения своей души является пост.

Правильные приоритеты

Пост утверждает правильные приоритеты. Мы ранее уже говорили о повелении Господа Иисуса: *«Ищите же прежде Царства Божия и правды Его»* (Матф. 6:33). Есть много людей, для которых поиск Божьего Царства находится на втором, третьем или четвертом плане. В таком случае обетования не действуют. Мы должны иметь правильные приоритеты. Пост является способом дать правильный приоритет духовному, утвердить первостепенную важность духовного.

Упование на Бога

Пост также демонстрирует нашу зависимость от

Бога. Наш пост говорит: «Боже, у меня нет ответа. Я не могу сделать это. Надеюсь на Тебя». Он признает зависимость от Бога, и это ведет к Божьему вмешательству. Писание дает неисчислимое количество примеров, которые подтверждают, что когда Божий народ выполняет эти условия, то в ответ на это происходит Божье движение на их стороне.

«Когда», а не «если»

В середине Нагорной проповеди Иисус сказал: *«Когда вы поститесь...»* (см. Матф. 6:16). Он не сказал: «Если постишься...». В таком случае осталось бы открытой возможность не поститься. Но сказал: «когда». Другими словами, Иисус считал само собой разумеющимся, что мы будем поститься. Он использует один и тот же язык для описания трех вещей: служения милосердием (стих 3), молитвы (стих 5) и поста (стих 16). В каждом из этих случаев Он говорит *«когда»*, а не «если». Является ли обязанностью христиан проявлять милосердие? Является ли обязанностью христиан молиться? Тогда и поститься должно быть обязанностью христиан.

Некоторые люди цитируют слова Иисуса, записанные в Марка 2:18 как подтверждение, что нам не следует поститься. Там описан случай, когда люди пришли к Нему и спросили, почему фарисеи и ученики Иоанна постятся, а ученики Иисуса не постятся. Иисус ответил им так, Марка 2:19-20:

> *И сказал им Иисус: могут ли поститься сыны чертога брачного, когда с ними жених? Доколе с ними жених, не могут поститься, но придут дни, когда отнимется у них жених, и тогда будут поститься в те дни.*

Вот как я понимаю эту притчу. Сыны чертога брачного — это ученики. Жених — это Господь

Иисус Христос. До тех пор, пока Жених лично присутствовал на земле, Его ученики не постились. Но Иисус сказал, что придет время, когда Жених будет забран от них, и в те дни они будут поститься.

Давайте зададим себе вопрос: находится ли Жених физически с нами, или Он отсутствует, и мы ждем Его возвращения? Мой ответ: мы ожидаем Его возвращения. Он был забран от нас, и если мы Его ученики, то будем поститься. Если мы не постимся, то теряем один из признаков того, что являемся Его учениками.

НАШ ОБРАЗЕЦ

Иисус практиковал пост (см. Матф. 4:1-2). В церкви Антиохии пять пророков и учителей совместно постились и искали Бога (см. Деян. 13:1-2). Бог проговорил к ним и повелел отделить Варнаву и Савла (так звали тогда Павла). Они снова (ст.3) совершили пост и молитву и проводили их в путь. Павел и Варнава на обратном пути из своего первого миссионерского путешествия посетили новобращенных и, помолившись с постом, рукоположили им пресвитеров, тем самым основав новые церкви (см. Деяния 14:23). Каждая из церквей в Новом Завете была рождена благодаря совместному посту и молитве. Сам Павел часто бывал в постах. В подтверждение своему апостольству он приводит, в том числе, и этот факт (см. 2 Коринф. 6:4-5; 11:27).

Бог продемонстрировал силу поста для всех желающих видеть ответы на свои молитвы — и не в последнюю очередь для наших молитв за Его Церковь в эти последние дни. Его благодать и верность побуждают нас добровольно откликнуться, обратиться к Нему, и искать Его. Да обновимся же в ревности и решимости, посвященности и вере, чтобы видеть исполнение Его намерений.

9
СЛАВНАЯ ЦЕРКОВЬ

Мужья, любите своих жен, как и Христос возлюбил Церковь и предал Себя за нее, чтобы освятить ее, очистив банею водною посредством слова; чтобы представить ее Себе славною Церковью, не имеющею пятна, или порока, или чего-либо подобного, но дабы она была свята и непорочна.

— *Послание Ефесянам 5:25-27* —

Мы являемся Царством священников и, будучи таковыми, мы призваны к молитве. Что является конечной целью наших молитв? Чтобы истинная Церковь поднялась в победе, достигла зрелости, подготовилась к возвращению Иисуса — это является исполнением всех чаяний наших сердец. Это Божье повеление для нас, записанное в Его Слове.

Сегодня многие люди, которые называются христианами и отождествляют себя с Церковью, не имеют никакого представления о том, что значит молиться или даже говорить о славной Церкви. Тем не менее, Писание говорит, что Церковь — Невеста, за которой придет Иисус — будет славной. По-гречески *«слава»* — это *«доксо»*, которое означает *«то, что приносит славу Богу»*.

Я перешел к греческому языку Нового Завета от классического греческого языка, который является самой древней формой греческого. Я изучал и преподавал философию Платона и помню, что одна из базовых концепций его философии определялась этим словом «доксо». Одно из значений этого слова всегда озадачивало меня. В трудах Платона слово «доксо» имело смысл не столько «слава», сколько «видимое, явное, сформированное».

Будучи немного революционером в то время, когда я изучал философию в Кембриджском университете, я решил на летних каникулах прочесть Евангелие от Иоанна в греческом оригинале. Я сказал о своем намерении своему преподавателю греческого языка, и он начал горячо отговаривать меня. Он сказал, что это может испортить мой классический греческий язык. Это было как раз то, что нужно: мой учитель своими отговорами еще больше утвердил меня в моем решении сделать это! Поэтому во время каникул я прочитал все Евангелие от Иоанна на греческом языке.

В то время я был далек от Бога. Я даже не назывался христианином. Я был профессиональным философом, но каким-то образом это послание зацепило меня. Помню, как я возвращался на поезде с севера страны, из Сомерсета, в Лондон. На станции Паддингтон я встретил знакомого студента, с которым мы дружили. Я сказал ему: «Ты знаешь, я разгадал загадку Евангелия от Иоанна». Что-то в этом роде. Не помню как, но я решил ее!

Однако, что действительно зацепило меня в Евангелии от Иоанна, что действительно озадачило меня, так это следующее: то, как Иоанн использовал слово «доксо», которое переведено на английский как «слава». Помню, я очень удивлялся, как такое может быть, поскольку древний классический греческий язык использует это слово в другом смысле.

Несколько лет спустя у меня произошла встреча с Господом в армейской казарме посреди ночи, и я был чудесным образом рожден свыше Святым Духом. Менее чем две недели спустя я был крещен в Святом

Духе в той же самой казарме. В тот момент на меня сошел поток света и многое из того, что я читал ранее в Библии, вернулось ко мне — как если бы я прочел это пять минут назад. Вдруг я понял то применение слова «доксо», которое так озадачило меня.

В классическом греческом языке оно означает нечто видимое и явное. В Новом Завете оно означает славу. Это по той причине, что Божья слава является видимой. Это Его видимое, осязаемое присутствие, которое воспринимается людьми.

Стефан, обращаясь к Синедриону, сказал: *«Бог славы явился отцу нашему Аврааму в Месопотамии»* (Деяния 7:2). Скажу вам, что Авраам знал Бога благодаря Его славе. Это то, что отличало Его. Он явил Себя Аврааму в видимой славе, когда тот обитал в Месопотамии. Это настолько изменило жизнь Авраама, его мотивы и желания, что он оставил все, чтобы пойти в Обетованную землю.

Это возвращает нас к Церкви. Когда Писание говорит о *«славной Церкви»,* это означает Церковь, наполненную Божьей славой, которая имеет явное, реально ощутимое, личное присутствие Всемогущего Бога. Это не просто жизнь «по вере», которая никак не подтверждается. Это Церковь, которая благодаря вере вошла во взаимоотношения с Богом, где есть Его очевидное для всех, ощутимое, личное присутствие с Его народом. Библия говорит, что именно за этой Церковью придет Иисус. Это та Церковь, о которой мы молимся.

СЕМЬ ПРИЗНАКОВ ЦЕРКВИ ХРИСТОВОЙ

В Послании Ефесянам указывается на семь отличительных признаков истинной Церкви Иисуса Христа, какой она будет в день Его прихода за ней. «...

9. Славная Церковь

Как и Христос возлюбил Церковь и предал Себя за нее, чтобы освятить ее, очистив банею водною посредством слова» (Ефес. 5:25-26).

Мы рассмотрели в седьмой главе, что Иисус искупил Церковь Своей кровью, чтобы Он мог освятить ее чистой водой Своего слова. Кровь и вода Слова вместе необходимы для того, чтобы приготовить Церковь к пришествию Господа.

Не верю, что кто-то из христиан будет готов встретить Господа, не пройдя через очищающий, освящающий процесс научения и воспитания по Слову Божьему. Кровь Иисуса — это искупительная цена, которая была заплачена, чтобы мы могли быть возвращены из рук дьявола. После нашего искупления Кровью мы освящаемся и очищаемся благодаря омытию водой Слова. Иисус желает, чтобы Он мог *«представить ее Себе славною Церковью, не имеющею пятна, или порока, или чего-либо подобного, но дабы она была свята и непорочна»* (стих 27).

Здесь мы находим три первых отличительных признака истинной Церкви — той Церкви, за которой придет Иисус. Она является (1) славной (отличающейся явным присутствием Божьим, (2) святой и (3) непорочной.

Если мы обратимся к четвертой главе Послания Ефесянам, то обнаружим там описание процесса, благодаря которому эта Церковь приготовит себя к пришествию Господа. Стих 11 говорит о пяти основных служениях в Церкви, которые устрояют ее: *«Он (Иисус) поставил одних Апостолами, других пророками, иных Евангелистами, иных пастырями и учителями».* Он дал эти служения *«к совершению святых, на дело служения, для созидания Тела Христова» (стих 12).*

Эти пять основных служений должны снарядить святых на дело служения для созидания (строительства) Тела Христова. Следующий стих описывает цель: *«...доколе все придем в единство веры»*. Это конечная цель, к которой мы движемся, наряду с *«познанием Сына Божия»* (стих 13). Обратите внимание, что здесь идет речь не просто о «знании», но о *«познании Сына Божьего»*. Такой перевод очень точно передает смысл оригинала.

Путь, который приведет нас в единство веры, лежит только через познание Иисуса Христа. Мы не достигнем этого благодаря ведению доктринальных дискуссий. Если можно о чем-то говорить с полной уверенностью, так о том, что доктринальные споры не объединяют христиан. Единственный путь, — идя которым мы объединимся, — это наше общее подчинение Господству Иисуса Христа. Когда мы познаем Христа как Господина в Его верховной власти над каждой сферой жизни Церкви, тогда мы придем в единство веры.

Видите ли, доктрина спасения не имеет смысла без Личности Спасителя. Доктрина исцеления обессмыслена без Целителя. Доктрина освобождения лишена ценности без Освобождающего. Крещение в Святом Духе не имеет силы без Крестящего. Когда мы познаем Спасителя, тогда мы верим в спасение. Когда мы знаем Целителя, мы верим в исцеление. Когда мы знаем Освобождающего, мы верим в освобождение от злых духов. Когда мы знаем Крестящего, мы верим в крещение в Святом Духе.

В каждом случае путь к единству веры лежит не через доктринальные споры и дискуссии, но через познание Господа Иисуса Христа в Его славе, в Его власти, в Его главенстве в каждой сфере Его служения. По мере того, как мы познаем Христа во всем, Кем Он является для Церкви, мы приходим в единство веры.

Благодаря этому мы попадаем в две следующие

части воли Божьей. Во-первых: *«в мужа совершенного»* (стих 13). Под *«мужем совершенным»* подразумевается «зрелый, взрослый человек». Во-вторых: *«в меру полного возраста Христова»*. Ключевым является слово «полный». Здесь говорится о полноте. Пока Церковь Иисуса Христа, как Его Тело, не являет Христа во всей Его полноте — в каждой сфере, во всякой благодати, во всех дарах, во всех служениях — до тех пор Церковь не снаряжена для того, чтобы являть Иисуса.

Видите ли, в настоящее время мы являем миру до жалости малую часть полноты Иисуса Христа. В Иисусе есть намного большее, чем Церковь способна показать миру. Но Бог собирается привести все Тело туда, где оно откроет полноту Иисуса Христа — Кто Он (Его личность) и что делает (Его служение). Вот что подразумевается под полнотой.

Таким образом, мы имеем семь отличительных признаков Церкви, по мере того как Господь Иисус готовит ее для Себя, чтобы Он мог забрать ее с Собой. Она будет (1) славной — наполненной явным присутствием Божьим; (2) святой; (3) не имеющей порока (застарелого греха, как части натуры, греховного поведения и старого плотского характера — *примеч. ред.*); (4) достигшей единства веры; (5) признающей главенство Господа Иисуса Христа и подчиняющаяся Ему; и, таким образом, она придет к (6) зрелости и явит (7) полноту Христа этому миру.

В Послании Ефесянам 3:14-19 мы находим прекрасную молитву апостола Павла за Церковь:

Для сего преклоняю колени мои пред Отцем Господа нашего Иисуса Христа, от Которого именуется всякое отечество на небесах и на земле, да даст вам, по богатству славы Своей, крепко утвердиться Духом Его во внутреннем человеке, верою вселиться Хри-

сту в сердца ваши, чтобы вы, укорененные и утвержденные в любви, могли постигнуть со всеми святыми, что широта и долгота, и глубина и высота, и уразуметь превосходящую разумение любовь Христову, дабы вам исполниться всею полнотою Божиею.

На что бы мне хотелось обратить ваше внимание, так это на то, что никто из нас не сможет постигнуть этого в одиночку. Только когда мы соединяемся с окружающими верующими, со всеми святыми, мы можем постичь полноту Иисуса Христа: широту, долготу, глубину и высоту.

Павел молится, чтобы Церковь могла *«уразуметь превосходящую разумение любовь Христову, дабы вам исполниться всею полнотою Божиею»* (стих 19). Церковь Иисуса Христа будет местом обитания всей полноты Божьей — разве это не потрясающее утверждение? Полнота Божья во всей Его сущности, во всей Его силе, во всех Его аспектах будет проявлена в Церкви.

Есть только еще одно место Писания, насколько я знаю, использующее фразу *«полнота Божья»*, — это Колоссянам 2:9: *«...ибо в Нем* (Иисусе) *обитает вся полнота Божества телесно».* Во Христе Бог явил Себя. Во всей полноте. Не частично, но во всей полноте. Обратите внимание, в отрывке из Послания Ефесянам, который мы процитировали выше, говорится о том, что именно Дух Святой передает славу и делает это возможным. Когда Дух Святой завершит формирование Тела Христа, тогда будет снова явлена полнота Божья.

Даже не мечтайте, что это произойдет с вами одним, отдельно от других. Только по мере того, как вы приходите с другими верующими в единство веры и познания Христа, вы получаете возможность уразуметь (познать, вместить) со всеми святыми широту, долготу, глубину и высоту Божью и таким образом исполниться всею полнотой Божьей. Это является целью Божьей для Тела Христова, Церкви.

КАК ЭТО ПРОИЗОЙДЕТ

В Книге пророка Исаии 59:19-60:5 мы находим описание, как это произойдет. Давайте рассмотрим стих за стихом:

«И убоятся имени Господа на западе и славы Его — на восходе солнца». Бог собирается явить Себя таким образом, чтобы вся земля убоялась Его и увидела Его славу.

«Если враг придет как река, дуновение Господа прогонит его». Истина заключается в том, что враг придет, как наводнение. Мы можем наблюдать это в Соединенных Штатах. За прошедшие несколько десятков лет дьявол проник в каждую сферу жизни страны: в политическую, в социальную, в школы, в колледжи, в семинарии, в университеты. Он пришел потоком не только в мирские сферы, но, что еще хуже, этот поток наполнил церкви. Большинству из нас не надо доказывать это.

Это является исполнением пророчества Иоиля, которое говорит о том, что Божий народ и его наследие будут опустошены великим полчищем вредителей. На протяжении многих веков Церковь была опустошаема великой армией Божьего суда. В наследие Божьего народа проникли черви, саранча, гусеницы, жуки и пожрали его. Но Бог сказал, что Его Дух двинется среди нас. Когда враг придет, как наводнение, тогда Дух Господа воздвигнет против него знамя.

Знамя, которое поднимает Дух Божий — это одна Личность — это Иисус Христос. Дух Святой не превозносит человека; Он не возвышает доктрину; Он не превозносит организацию или структуру. Он приходит в Церковь только с одной целью. Иисус сказал: *«Когда же приидет Он, Дух истины... **Он прославит Меня, потому что от Моего возьмет и возвестит вам»*** (Иоанна 16:13-14). Служение Святого Духа в Церкви заключается в том, чтобы явить, вознести, возвеличить и прославить Господа Иисуса Христа.

В древние времена, когда сражающаяся армия была теснима врагом и находилась под угрозой разгрома, знаменосцу следовало найти возвышенное место и по приказу военачальника поднять знамя. Когда солдаты видели свое знамя поднятым, это было сигналом для них собраться вокруг знамени и произвести перегруппировку.

Именно это происходит в Церкви на протяжении последних десятилетий. По молитвам верующих Дух Святой начинает поднимать Знамя — Иисуса Христа. Из всех частей Церкви народ Божий, который находится под давлением, в опасности захвата, рассеяния и поражения, возвышает свой голос в молитве, обращается по сторонам и видит поднятое Знамя. Это не деноминация, не церковь — но Господь Иисус Христос.

Бог вновь собирает Свой народ. Об этом пророчествовал Исаия: *«И придет Искупитель Сиона и сынов Иакова, обратившихся от нечестия, говорит Господь»* (59:20).

Народ Божий обратится к Господу, и Господь обратится к Своему народу. Нам следует покаяться и обратиться от нашего отступничества, нашего плотского состояния, нашей самодостаточности, нашего сектантства, нашего бунта. Когда обратимся от наших грехов к Искупителю, мы обнаружим, что Искупитель грядет на Сион. Восстановление приходит к народу Божьему. Бог идет далее, продолжая (Исаия 59:21):

И вот завет Мой с ними, говорит Господь: Дух Мой, Который на тебе, и слова Мои, которые вложил Я в уста твои, не отступят от уст твоих и от уст потомства твоего, и от уст потомков потомства твоего, говорит Господь, отныне и до века.

Это восстановление не является частичным или временным. Оно полное и бесповоротное. Это великое окончательное восстановление от Духа Божьего для народа Божьего, который на протяжении многих веков жил, подобно сиротам, без Утешителя. Это восстановление вечное.

РАССЕИВАЯ ТЬМУ

Далее, в 60-й главе Книги пророка Исаии мы читаем — не обращая внимания на разделение на главы — продолжение пророчества и видим поразительный контраст между светом и тьмой. Вот слово к Божьему народу на Сионе (60:1-2):

Восстань, светись, ибо пришел свет твой, и слава Господня взошла над тобою. Ибо вот, тьма покроет землю, и мрак — народы; а над тобою воссияет Господь, и слава Его явится над тобою.

Это именно то, где мы находимся сейчас. Тьма уже окутала землю, однако еще более густой мрак покроет народы земли. Давайте будем реалистами. Библия ясно свидетельствует об этом, и мы уже можем видеть много свидетельств такой тьмы, о которой мы не предполагали ранее и которая начала поглощать обитателей земли. Но посреди тьмы звучит слово от Бога к Его народу, что слава Господня встает над нами.

Вот этот контраст: свет становится все ярче; тьма сгущается все больше. Мы подошли к полному и окончательному разделению путей. Отныне нейтралитет невозможен. Иисус сказал, что кто не с Ним, тот против Него (см. Матф. 12:30).

Каждый из нас должен сделать решение и посвящение. Мы любим свет? Тогда мы пойдем к свету. Если мы отказываемся идти к свету, то, по словам Иисуса, это потому, что наши дела злы. Свет пришел в мир, но люди более возлюбили тьму (см. Иоанна 3:19). Это тот выбор, который делает каждый из нас. Буду ли я ходить во свете? Отождествляюсь ли я со светом и задачами света на земле? Или же я собираюсь прятаться во тьме, которая сгущается и покрывает лицо земли?

Мне бы хотелось дать вам три места Писания, которые, как я думаю, иллюстрируют факт этого усиливающегося разделения. Первое находится в Бытие 15:5. Авраам умолял Бога о потомстве, которое было обещано ему, но он не имел сыновей. Писание говорит, что Господь вывел его во тьму ночи и показал ему звезды на небесах. *«Посчитай звезды,* — сказал Бог, — *Такими будут твои потомки».* Авраам поверил Богу, и в шестом стихе сказано, что Бог *«засчитал это ему в праведность».*

Бог однажды показал мне через откровение, которое пришло посреди проповеди, что это относится к нам, поскольку Послание Галатам говорит нам, что через веру в Иисуса Христа мы являемся детьми Авраама (см. Гал. 3:7).

Как правило, мы не слишком много внимания обращаем на звезды. Но когда солнце зашло, когда не светит луна и когда каждый естественный источник света потушен, нам кажется, что звезды сияют ярче, чем всегда. Вот в точности как это будет в конце века сего. Когда мрак покрывает землю и сгущающаяся тьма поглощает людей, когда ночь становится все темнее, дети Авраама, благодаря вере в Иисуса Христа, засияют, как звезды, в своей славе. Вот к чему мы приближаемся.

Второе место Писания — это Песня Песней 6:10, где мы находим неожиданное описание Невесты, выступающей во всей славе: *«Кто эта, блистающая, как заря, прекрасная, как луна, светлая, как солнце, грозная, как полки со знаменами?»*

Мир отпрянет в изумлении. Мир никогда не видел такой Церкви. *«Кто эта, блистающая, как заря?»* Во тьме ночи, она появится светлой и прекрасной, как луна. Задача луны — отражать славу солнца. И вы, конечно же, знаете, что луна имеет фазы. Она возрастает и уменьшается.

Церковь Иисуса Христа тоже имеет фазы. И когда она приблизится к полнолунию, то мир увидит полную Церковь, отражающую славу и сияние Сына. Она будет иметь авторитет Сына Праведности, Иисуса Христа, вмененный ей. Она будет устрашающей, как армия со знаменами. Кто видел такую Церковь — внушающую ужас силам зла и тьмы, греха и сатаны? На подходе такая Церковь, которая заставит силы сатаны трепетать и обращаться в бегство.

Бог открыл мне, что есть одно послание, которого дьявол боится больше всего. Послание о том, какой будет Церковь и что Церковь сделает с ним. Полагаю, что он сражается против этой истины более, чем против чего-либо иного.

Третье место Писания, которое свидетельствует нам о возрастающем разделении между светом и тьмой, находится в Откровении. Здесь мы находим ту же самую истину, которая выражена по-другому. В конце самой последней главы последней книги Библии говорится следующее:

> *И сказал* (ангел) *мне* (Иоанну): *не запечатывай слов пророчества книги сей; ибо время* (последнее) *близко. Неправедный пусть еще*

делает неправду; нечистый пусть еще сквернится; праведный да творит правду еще, и святый да освящается еще. Се, гряду скоро, и возмездие Мое со Мною, чтобы воздать каждому по делам его.

Итак, как вы видите, речь идет об окончании века: время близко. Вот-вот должен прийти Иисус. И что же сказано при этом? Послушайте — это послание звучит пугающе: Кто неправеден, тот пусть становится еще более неправедным. Кто нечист, тот пусть становится еще более грязным. Кто праведен, тот пусть становится еще более праведным. Кто свят, тот пусть становится еще более святым. Невозможно оставаться на месте: вы будете либо подниматься вверх, либо сползать вниз. Быть неподвижным и нейтральным больше невозможно. Если вы ищете освобождения, то я скажу вам одну вещь: вам лучше прийти в отчаяние. И не ожидайте, что проповедник будет хотеть вашего освобождения более отчаянно, чем вы сами.

Мне приходит на память один человек, который попросил меня послужить ему. У него была проблема — пристрастие к порнографии. Это был молодежный лидер большой и известной церкви из крупной деноминации. Он сказал, что его комната заполнена порнографическими фильмами, и он не может избавиться от этой зависимости.

Я послужил ему и объяснил, как покаяться и как обрести свободу. Через год я снова оказался в той местности, и тот же самый человек позвонил мне с просьбой помочь разобраться с той же самой проблемой. Я сказал ему: «У вас был шанс. Почему вы не сделали так, как я сказал вам в прошлом году?» Он сказал, что готов прийти и встретиться со мной. Я назначил ему время, но он не пришел. На следующий день он позвонил мне и сказал: «Мне так жаль, что я не пришел в назначенное время; я пошел на просмотр грязного фильма».

Знаете, что я ответил ему? Я сказал: «Тебе лучше продолжать в том же духе и прожигать свою жизнь по полной, поскольку тебе недолго осталось». Он — этот нечистый — пусть оскверняется еще, т.к. у него немного времени. Так говорит Писание. Я никогда не учил этому стиху в таком свете, но как это справедливо в отношении того человека, погрязшего в разврате и, тем не менее, заявляющего, что он хочет освободиться.

Если вы нечестивы, то жгите по полной; если вы скверны, оскверняйтесь еще, — потому что вам недолго осталось. Но если вы праведны, то не полагайтесь на свою праведность. Стремитесь к большей праведности. Если вы святы, освящайтесь еще. Ничто так не обольщает Божий народ, как вера в то, что их спасение является статическим состоянием, которое достигается выходом к церковной кафедре, произнесением короткой молитвы и пожатием руки пастору. Это карикатура на спасение. Спасение — это не статическое состояние; это путь жизни.

Притчи 4:18 говорят следующее: *«Стезя праведных — как светило лучезарное, которое более и более светлеет до полного дня»*. В Книге Иова 17:9 сказано: *«Но праведник будет крепко держаться пути своего, и чистый руками будет больше и больше утверждаться»*.

Миллионы посещающих церковь людей находятся в обольщении относительно спасения. И я осознаю, что также в какой-то мере несу ответственность за то, что они оказались обольщенными. Моя проповедь спасения не полностью соответствовала Слову Божьему. Спасение — это не знак отличия, полученный за 15 лет просиживания на церковной скамье. Это жизненный путь, которым надлежит следовать. Это путь восхождения. Если мы не движемся путем праведности, если свет не становится ярче на нашем пути, то мы заблудились. Путь праведных — как сияющий свет, который сияет все ярче и ярче, пока день не достигнет своего зенита.

РЕЗУЛЬТАТ ЭТОЙ СЛАВЫ

Что будет следствием проявления Церкви во славе? Полагаю, что следующие три стиха говорят нам об этом: *«И придут народы к свету твоему, и цари — к восходящему над тобою сиянию»* (Исаия 60:3).

Народы и правители обратятся к Церкви. Знаете ли вы, что большинство правителей сегодня находятся в тупике? У них нет ответа на проблемы своей страны, и они знают это.

Верю, что, когда Церковь будет такой, какой должна быть, мы увидим на пороге наших дверей правителей, ищущих ответ для темных времен, лежащих впереди. Приближается такое время. Чтобы быть готовыми к этому, нам следует ревностно молиться.

Даниил и Иосиф были теми, кто оставались постоянными в молитве и продолжали влиять на правителей страны. В критические моменты двух великих языческих империй цари шли к этим молодым евреям, которые имели мудрость выше естественного уровня. Они имели ответ от Бога — и это сразу же поднимало их на более высокую позицию власти в тех языческих империях. Бог Даниила и Иосифа — это Тот же Самый Бог Церкви Иисуса Христа. Как Даниил и Иосиф, мы приближаемся к готовности идти за ответом и принести его правителям.

В следующем стихе мы читаем о приходящих молодых людях: *«Возведи очи твои и посмотри вокруг: все они собираются, идут к тебе; сыновья твои издалека идут и дочерей твоих на руках несут»* (Исаия 60:4).

В пророчествах последнего времени много внимания уделяется молодым людям. Загляните в Деяния 2:17: *«И будет в последние дни, говорит Бог, излию от Духа Моего на всякую плоть, и будут пророчествовать сыны ваши и дочери ваши; и юноши ваши будут видеть видения, и старцы ваши сновидениями вразумляемы будут»*. Произойдет большой наплыв молодежи в Церковь Иисуса Христа. Он уже начинается. В последние годы мы были свидетелями служений крещения — например, на Западном побережье Соединенных Штатов — во время которых четыре-пять тысяч молодых людей крестились в море и свидетельствовали о своей вере в Иисуса Христа.

Мы должны иметь ответ для этих молодых людей, когда они придут — я положил это глубоко в мое сердце. Я не верю, что они вольются в такую заорганизованную церковь, какой мы ее знаем. И моя молитва: «Боже, да не будет этого!» На нас лежит ответственность предоставить им ясный, простой и доступный образец христианской жизни и дисциплины, который не принуждает людей становиться закостенелыми и заорганизованными, как мы с вами были долгие годы.

Исаии 60:5 говорит нам, что произойдет в Церкви. Это один из моих любимых стихов. *«Тогда увидишь...»* Спустя много веков Церковь начинает реально видеть, Кто есть Бог и что Он делает. Следующее, что произойдет, — Церковь сольется воедино. Множество маленьких ручейков и капель из самых разных мест соединятся в один великий поток, который превратится в реку. Эта река станет широкой, сильной и полноводной. Она вольется в великий океан, который наполнит землю познанием Бога, как воды наполняют море.

Впервые Бог дал мне дар истолкования, когда не прошло и двух суток после моего крещения в Духе

Святом. Молясь на незнакомом языке, я вдруг неожиданно для себя начал истолковывать. Я не знал, как это происходит, но слова, которые я говорил, исходили не от меня. Я был сильно удивлен. И я помню эти слова так хорошо, как если бы это произошло только вчера. Вот они: «Это будет подобно маленькому ручейку; ручей станет рекой; река большой рекой; большая река станет морем; а море превратится в великий океан».

Я верю в это. В тот день, если бы вы заговорили со мной о пробуждении, то я даже не понял, что этот такое. У меня не было доктринального понимания Писания, никакого сознательного религиозного прошлого, ничего. Это был первый раз, когда Бог проговорил лично ко мне и сказал мне, что Он собирается сделать. С того дня прошло много десятков лет, и только теперь я начинаю видеть начало образования потока этой великой реки.

Но это не конец. Великая река должна стать морем, а море должно превратиться в великий океан. И вот это в Слове Божьем, Исаия 60:5: *«Тогда увидишь, и возрадуешься, и затрепещет и расширится сердце твое...»* (Перевод Библии Короля Иакова: *«Ты увидишь, и сольешься вместе...»* — *примеч. ред.*) Каждый, кто увидит поднятое знамя Иисуса Христа, покинет свой угол, спустится со своего холма, выйдет из своей долины, стекаясь в великий поток.

В конце своей пророческой книги Иезекииль описал живой поток, который вытекал из-под Храма. Он вошел в него сначала по лодыжку. Затем прошел вперед на тысячу локтей и оказался по колено в воде. Еще через тысячу локтей он погрузился в воду по пояс. Еще через тысячу локтей он поплыл — оказалось, что этот поток невозможно было перейти вброд. Когда Церковь достигает глубины, ее уже нельзя перейти поперек течения. Ее уже нельзя игнировать или считать пережитком прошлого. Когда поток станет настолько глубок, чтобы мы плыли, то мир узнает, что мы здесь.

Знаете, что я чувствую в отношении Восхищения? Это случится тогда, когда миру будет недоставать нас. В настоящее время я сомневаюсь, что мир вообще обратит внимание на наше исчезновение. Но все должно измениться, и когда произойдет Восхищение, они будут нуждаться в нас. Это лично мое убеждение.

Далее, в 5 стихе: «...*потому что богатство моря обратится к тебе, достояние народов придет к тебе*». Богатство языческого мира придет в Церковь. Согласно Божьей воле народом Божьим было возведено три великих строения для Божьей славы. Первым была Скиния Моисеева. После нее, Храм Соломона. Третьим является Церковь Иисуса Христа. Мне известно о других зданиях, но ни одно из них не входит в категорию этих трех. Каждое из этих строений имеет Божественный проект, каждое имеет Божественное обеспечение и каждое имеет Божественное предназначение.

Давайте вкратце рассмотрим Храм Соломонов, и я покажу вам, что я имею в виду. Потом мы рассмотрим аналоги этому в Церкви, за которые следует молиться.

СТРОИТЕЛЬСТВО ХРАМА

В 28-й главе 1 Паралипоменон записаны слова царя Давида относительно приготовления к строительству этого великого Храма. Мне бы хотелось дать вам достаточно объемный отрывок из Писания, чтобы увидеть те величины, которые Бог дает в качестве прообраза. (1 Пар. 28:11-19):

И отдал Давид Соломону, сыну своему, чер-

теж притвора и домов его, и кладовых его, и горниц его, и внутренних покоев его, и дома для ковчега, и чертеж всего, что было у него на душе, дворов дома Господня и всех комнат кругом, сокровищниц дома Божия и сокровищниц вещей посвященных...

Давид получил образец Храма Духом Божьим, через сверхъестественное откровение (где Синодальный перевод говорит: «*было у него на душе*», в других переводах сказано: «*было дано Духом в его разум*», еврейский оригинал говорит о Духе, а не о душе — *примеч. ред.*). Читаем дальше:

...и чертеж всего, что было у него на душе, дворов дома Господня и всех комнат кругом, сокровищниц дома Божия и сокровищниц вещей посвященных, и священнических и левитских отделений, и всякого служебного дела в доме Господнем, и всех служебных сосудов дома Господня, золотых вещей, с означением веса, для всякого из служебных сосудов, всех вещей серебряных, с означением веса, для всякого из сосудов служебных. И дал золота для светильников и золотых лампад их, с означением веса каждого из светильников и лампад его, также светильников серебряных, с означением веса каждого из светильников и лампад его, смотря по служебному назначению каждого светильника...

Каждый золотой и серебряный предмет, точная масса золота и серебра для изготовления служебных предметов, были расписаны и приготовлены Давидом в точности до грамма.

... и золота для столов предложения хлебов, для каждого золотого стола, и серебра для столов серебряных, и вилок, и чаш и кропиль-

ниц из чистого золота, и золотых блюд, с означением веса каждого блюда, и серебряных блюд, с означением веса каждого блюда, и для жертвенника курения из литого золота с означением веса, и устройства колесницы с золотыми херувимами, распростирающими крылья и покрывающими ковчег завета Господня. Все сие в письмени от Господа (в других переводах: «все в точности, как предписано было мне рукой Самого Господа» — *примеч. ред.*), *говорил Давид, как Он вразумил меня на все дела постройки.*

В этом Храме даже вилки должны были быть сделаны из чистого золота! Весь план был сверхъестественно дан Духом Божьим. Каждый сосуд, его внешний вид, устройство, вес и точная масса золота или серебра, необходимого для его изготовления — все это было дано Святым Духом.

Как только было сделано полное описание и окончен план, Давид приступил к заготовлению необходимых материалов. 1 Пар. 29:1-2:

И сказал царь Давид всему собранию: Соломон, сын мой, которого одного избрал Бог, молод и малосилен, а дело сие велико, потому что не для человека здание сие, а для Господа Бога. Всеми силами я заготовил для дома Бога моего...

Одна из причин, почему Бог так сильно любил Давида, состояла в том, что он посвящал себя целиком тому, что делал. Он ничего не делал кое-как, но в полную силу. Он поклонялся Богу от всего сердца, он был даятелем от всего сердца, его посвящение было от полного сердца. Он говорит:

Всеми силами я заготовил для дома Бога моего золото для золотых вещей и серебро для серебряных, и медь для медных, железо для железных, и дерева для деревянных, камни оникса и камни вставные, камни красивые и разноцветные, и всякие дорогие камни, и множество мрамора...

Чувствуете ли вы себя богаче? Читая эти строки, я начинаю размышлять над тем, какого чудесногоБога мы имеем. Здесь нет места скупости, убожеству, серости. Все, что касается Его, должно быть изобильным и славным.

Затем Давид прилагает сверх этого нечто от себя лично (стихи 3-5):

... и еще по любви моей к дому Бога моего, есть у меня сокровище собственное из золота и серебра, и его я отдаю для дома Бога моего, сверх всего, что заготовил я для святого дома: три тысячи талантов золота, золота Офирского, и семь тысяч талантов серебра чистого, для обложения стен в домах, для каждой из золотых вещей, и для каждой из серебряных, и для всякого изделия рук художнических.

На сегодняшний день стоимость таланта чистого золота времен Давида составляла бы как минимум 800.000 долларов. Давид пожертвовал от себя еще дополнительно 3.000 талантов золота. Это около 2.4 миллиарда долларов. Вы когда-нибудь задумывались над этим? Он начал жизнь как пастушок, самый младший сын в доме отца, но благодаря Божьему благословению смог выделить золота на миллиарды долларов — и это не считая серебра и всей остальной «мелочи»!

Затем он обратился к народу, и люди также жертвовали от сердца. Они собрали 5.000 талантов золота (стих 7). Это еще миллиарды. И если вы возьмете в расчет стоимость остальных материалов — серебра и драгоценных камней — плюс все, что было импортировано, как, например, кедры с Ливана, плюс тесаные камни для здания, плюс резьба и оформление... то затраты становятся практически бесчисленными.

Там не было экономии и скупости ни в чем. Ничто не было второсортным. Все соответствовало высшим стандартам и в точности соответствовало образцу. И необходимое было предоставлено в полном объеме — до грамма и до последней мелочи. Для всех золотых светильников, всех золотых вилок, всех золотых блюд, всех золотых сосудов было выделено точная масса золота, и все было изготовлено в точности по образцу. Почему? По причине цели: это все было для славы Божьей.

СОЗИДАНИЕ ТЕЛА

Это прообраз Церкви Христовой. По мере того, как мы приближаемся к окончанию века сего, Бог намерен возвести величайшее здание, которое мир когда-либо видел. Оно затмит славу Храма Соломонова. Какое здание? Это Тело Христово — Церковь.

Я верю, что Бог собирается совершить это строительство при этом поколении. Это означает, что как тогда богатство Божьего народа было необходимо для возведения Храма Соломонова, так и сегодня богатство Божьего народа понадобится для совершения работы Церкви Иисуса Христа на земле.

Мы с вами оставили духовное и перешли к материальному. Так ли это? Что вы думаете? Верите ли вы, что недуховно говорить о золоте и серебре? Если это так, тогда Библия является очень недуховной книгой, а Новый Иерусалим является очень недуховным местом, потому что его улицы вымощены золотом!

Послушайте, как для строительства Храма Соломонова было необходимо богатство Божьего народа, так Церковь Иисуса Христа будет нуждаться в богатстве Божьего народа для своего строительства. Бог намерен сделать Свой народ способным жертвовать в таком же изобилии для Церкви, как они жертвовали для Храма.

Знаете ли вы одну из причин, почему я стал американским гражданином? Вы можете посмеяться, но это истина. Я совершенно серьезен, когда говорю вам, что пришел к этому заключению как британец: у Бога есть особая роль и предназначение для Соединенных Штатов. Для британца нелегко разглядеть это. Но мы все знаем, что Господь благословил этот народ материально, технологически — во всем — так, как не был благословлен ни один другой народ в истории.

Я верю, что Бог сделал это потому, что Он желает использовать богатство, технологии, достижения Америки для завершения дома Божьего. Я искренне верю в то, что это является задачей от Бога для Соединенных Штатов Америки.

Я молюсь об этом. Я провозглашаю, что богатства Соединенных Штатов — для Царства Божьего. Нет ничего более трагичного, чем быть благословенным материально и не иметь видения, как использовать это. Это трагедия для многих из молодого поколения. Они унаследовали изобилие, но они не имеют цели.

Дорогой друг, преуспевание — это благословение. Нищета — проклятие. Но преуспевание без видения — это лишь бесплодная и пустая суета. Что бы мне хотелось дать вам? Мне хотелось бы дать вам видение. Желаешь ли ты посвятить себя на служение Господу? Желаешь ли ты посвятить свои молитвы вместе с твоими доходами, твоими талантами и твоими возможностями для Царства Божьего и для Церкви Иисуса Христа? Это именно то, что устоит, когда все остальное рухнет.

ЦАРСТВО НЕПОКОЛЕБИМОЕ

В заключение давайте обратимся к Книге пророка Аггея. Господь ясно предсказал это в Писании: *«Ибо так говорит Господь Саваоф: еще раз, и это будет скоро, Я потрясу небо и землю, море и сушу, и потрясу все народы...»* (Аггей 2:6-7).

Это место Писания цитируется в 12 главе Послания Евреям как говорящее о великом окончательном вмешательстве Божьем для суда над народами. Это заключительное потрясение. Бог собирается потрясти все, что может быть потрясено — страховки, машины, дома, банковские вклады — все это может быть потрясено. Будет стоять только Божья цель: *«...и придет Желаемый всеми народами...»* (практически во всех древних переводах сказано примерно так: *«Я потрясу все народы и их сокровища придут сюда»* и Дерек Принс настаивает на точности такого перевода с оригинала — *примеч. ред.*). Куда? В дом Божий.

Аггея 2:7-9: *«...и наполню дом сей славою, говорит Господь Саваоф. Мое серебро и Мое золото, говорит Господь Саваоф. Слава сего последнего храма будет больше, нежели прежнего, говорит Господь Саваоф; и на месте сем Я дам мир, говорит Господь Саваоф»*.

Можете ли вы увидеть эту великую цель? Когда все остальное вокруг нас колеблется и крушится, когда тьма сгущается, когда смятение народов возрастает, тогда цари и правители желают обратиться к восходящему свету Церкви Иисуса Христа. Они готовы принести свои сокровища в Церковь, чтобы воля Божья для конца этого века могла быть выполнена: *«И проповедано будет сие Евангелие Царства по всей вселенной, во свидетельство всем народам; и тогда придет конец»* (Матф. 24:14).

Проповедь сего Евангелия Царства, всего Евангелия Иисуса — как Спасающего, Исцеляющего,

Освобождающего, Крестящего — будет проповедано по всему миру для всех народов. Затем придет конец.

Затем — приклоните ухо — Бог говорит: *«Мое серебро и Мое золото»*. Если у врага есть золото и серебро, то он их украл. Кому это принадлежит? — Богу. И Он никогда не передавал сатане право на это. Божий народ извиняется за то, что имеет деньги. Это миру следует извиняться, а не Божьему народу. Мы не претендуем на чужое, и нам дано право.

«Мое серебро и Мое золото, говорит Господь Саваоф. Слава сего последнего храма будет больше, нежели прежнего...» (стихи 8-9). Другими словами: «Принесите ко Мне серебро и золото в Мой дом, и увидите, что Я сделаю». Евангелие Царства должно быть проповедано для совершения Церкви Иисуса Христа. А для этого должны прийти представители всех племен и колен, народов и языков (см. Откр. 7:9). По всему миру должно быть проповедано Евангелие — не разбавленная человеческая версия, но явление силы Святого Духа, в которой проповедовал Павел. И тогда придет конец.

Какой является наша с вами часть? Править в Его Царстве как священники, посвященные молитве и наполнению Его дома Его славой.

Спустя две недели после того, как я получил спасение, Бог показал мне Свой план для меня. Я не знал, что это называется видением и что есть видения, но это было очень реальное переживание. Тогда для меня это было подобно вершине, виднеющейся вдалеке. Между мной и этой высотой была огромная дистанция, тем не менее, я отправился в путь к ней.

Много раз обрушивались штормы, все заволакивало тучами, вершина пропадала из поля зрения. Даже не один, а несколько раз я начинал сбиваться с пути. Но всегда, по милости Божьей, облака рассеивались, всходило солнце и снова освещало эту вершину. Когда я обнаруживал, что иду в неправильном направлении, то корректировал направление своего движения и начинал снова продвигаться к вершине. Это сильнее, чем что-либо другое, сохраняло меня на пути воли Божьей. Я имел видение, понимание цели, ради которой тружусь, осознание того, что я должен выполнить в своей жизни то, чего желает Бог.

Полагаю, что сегодня, будучи христианином многих десятилетий, я могу сказать, что это является моей главной мотивацией, это оказывает преобладающее влияние на мое мышление. Думаю, что я понимаю слова Павла, когда он говорит: *«Только бы с радостью совершить поприще мое и служение, которое я принял от Господа Иисуса»* (Деян. 20:24).

Глазами своего сознания я вижу эту вершину и говорю в молитве: *«По благодати Божьей, я не остановлюсь до тех пор, пока не достигну ее»*.

Хотите ли вы присоединиться ко мне?

Моя молитва о вас, чтобы вы смогли принести славу Господу. Чтобы Его Царство было утверждено через ваши молитвы. Чтобы вы нашли ваше место в Теле Христа, познавая Божью волю и побеждая врага. Чтобы все вы приняли участие в формировании царственного священства, приглашающего Божье Царство на землю. Да познаете радость отвеченных молитв!

СОДЕРЖАНИЕ

ВСТУПЛЕНИЕ 3
1. ЦАРСТВО СВЯЩЕННИКОВ 8
2. ОСНОВНЫЕ УСЛОВИЯ ДЛЯ ОТВЕТА НА МОЛИТВУ 20
3. МОЛИТВА И ЦАРСТВО НА ЗЕМЛЕ 52
4. ДВЕНАДЦАТЬ РАЗНЫХ ВИДОВ МОЛИТВЫ 65
5. КАК ОБНАРУЖИТЬ ВОЛЮ БОЖЬЮ 105
6. ДУХОВНОЕ ОРУЖИЕ ДЛЯ ДУХОВНОЙ ВОЙНЫ 130
7. АТОМНОЕ ОРУЖИЕ БОГА – КРОВЬ ИИСУСА 149
8. ПОСТ – НАШ ОТКЛИК НА БОЖЬИ ЦЕЛИ . 166
9. СЛАВНАЯ ЦЕРКОВЬ 186

Заочная Библейская Школа

Служения Дерека Принса

ЦЕЛЬ ЗАОЧНОЙ БИБЛЕЙСКОЙ ШКОЛЫ –
предоставить всем желающим возможность более глубокого и систематического изучения Библии. Программа школы разработана на основаниии обучающих материалов Дерека Принса и рассчитана на 3 года обучения (в дальнейшем будет увеличена до 4 лет).

Учиться в школе может любой желающий, вне зависимости от возраста, образовательного уровня, деноминации или церковного статуса. Зачисление производится на основании анкеты для поступления, которую необходимо заполнить и отослать в офис служения.

ОБУЧЕНИЕ
Время поступления в школу и темп обучения учащиеся избирают для себя сами - обучение разбито на условные три года обучения - как наиболее оптимальный темп обучения, но каждый учащийся определяет сроки сдачи материалов сам, в зависимости от своей загруженности, семейных и пр. обстоятельств. Цель школы - помочь получить благословение от здравого Библейского учения, максимально учитывая обстоятельства учащегося.

Вся школа разделена на три уровня:
- базовый курс (первый семестр),

- общий курс (первый год),
- углубленный курс (второй и третий год обучения).

Условный учебный год распределен на 4 семестра. В начале каждого семестра обучающийся получает комплект материалов: учебный план, учебные материалы, тесты и зачетно-тестовое задание. В течение семестра обучающийся должен пройти учебный план, выполнить зачетно-тестовое задание по полученным материалам и отослать его в региональный офис нашего служения.

Один раз в год студенты приглашаются для участия (по желанию) в обучающем семинаре.

Для обучения в школе необходимо иметь возможность прослушивания CD-дисков.

Дополнительную информацию и анкету на поступление в школу Вы можете получить в региональном офисе служения Дерека Принса.

ДПМ-Украина
а/я 50
Светповодск
27500

Звоните нам:
KievStar +38-097-772-64-82
Life +38-093-027-89-39
Vodafone +38-066-286-49-26

Пишите нам:
dpmukraine@gmail.com

наш сайт в интернете:
DerekPrinceUkraine.com

Дерек Принс

СЕКРЕТЫ МОЛИТВЕННОГО ВОИНА

www.ingramcontent.com/pod-product-compliance
Lightning Source LLC
LaVergne TN
LVHW051048080426
835508LV00019B/1763